进阶

从HR到BP的修炼之道

梁叶 / 著

中国商业出版社

图书在版编目（CIP）数据

进阶：从 HR 到 BP 的修炼之道 / 梁叶著. -- 北京：中国商业出版社, 2020.3

ISBN 978-7-5208-0978-8

Ⅰ. ①进… Ⅱ. ①梁… Ⅲ. ①企业管理 – 人力资源管理 Ⅳ. ① F272.92

中国版本图书馆 CIP 数据核字（2019）第 251675 号

责任编辑：刘毕林

中国商业出版社出版发行

010 – 63180647　　www.c-cbook.com

(100053　北京广安门内报国寺 1 号)

新华书店经销

天津冠豪恒胜业印刷有限公司印刷

*

710 毫米 ×1000 毫米　16 开　17.5 印张　225 千字

2020 年 3 月第 1 版　2020 年 3 月第 1 次印刷

定价：58.00 元

* * * *

（如有印装质量问题可更换）

前言
PREFACE

HRBP是职位,更是思维和能力

十几年前HRBP就已经在国外企业中大范围采用,尤其是在美国,绝大多数的企业都设有HRBP。那么到底什么是HRBP呢?下面我们就一起来看一下。

HRBP,是英文Human Resource Business Partner的缩写,也就是"人力资源业务合作伙伴",其核心是Business Partner(BP),即"伙伴",而且是业务合作伙伴。

目前,HRBP已经成为国内人力资源管理的热门话题。HRBP这一理念来自戴维·尤里奇提出的人力资源"三支柱模型"。

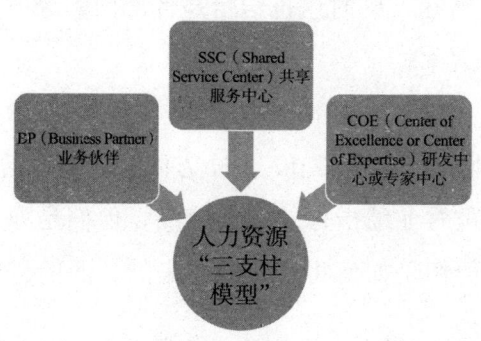

"三支柱"其实就是三种定位,是一个整体,彼此相辅相成。之所

以HRBP是如今的热门话题，就在于现有的人力资源（Human Resource，HR）迫切面临转型的需求，进而提升HR的效率和效能。而"三支柱"正是HR转型的目标，将HR的角色一分为三，重新定位，从智能导向转向业务导向，从传统的功能块，诸如薪酬、培训等的划分，向业务模式转化。这就需要人力资源部门像业务部门一样，在工作开始前，首先弄清楚"我的客户是谁""我的客户需求是什么"等问题。

而从上面的图来看，人力资源部门需要满足内部的高层管理人员、中层管理人员以及员工等内部客户的需求，进而间接实现内部各部门对外部客户需求的满足。

也就是说，HR的运作模式要像做业务一样满足客户的需求，而其中最难满足的就是客户的定制化需求。由此，HRBP，业务伙伴的角色也就应运而生了，其针对内部客户需求，制订极具针对性的解决方案，并提供专业咨询服务。

当然，想要找到既精通业务又熟悉HR各领域知识的人才不现实，由此才有了"三支柱"的其他两大支柱作为HRBP的技术支持者。这里我们不说其他两大支柱，单说一说HRBP。

下面我们先来看三个关键词，以更好地理解HRBP。

首先是Human Resource，即人力资源，主要指的是知识和技能，也是HR存在的价值所在，同时这也恰恰是各部门领导所欠缺的，因此才有了HRBP的立身之本。

Business，即业务，主要指的是对业务的了解。HR要想进阶到BP，就要主动去了解业务的各个环节、各个方面，其中包括与业务相关的各项数据，业务人员对业绩指标的完成情况，他们是如何工作的，他们在卖什么东西，他们是如何将产品卖出去的，卖的过程中存在哪些困难和障碍等。

Partner，即合作、伙伴。既然要合作，要成为伙伴，即意味着大家要相互支持、相互信任、相互包容，一起解决问题，一起将既定的目标完成，一起让业绩不断提升。

在国内，很多大型企业已在这个领域有所建树，比如华为、阿里巴巴等。不过可能有些不叫HRBP，比如阿里巴巴就将这个职位称为政委。华为在这个领域做得是最早的，其经验也最为丰富，因此下面就以华为为例来说说HRBP。

华为的HRBP会深入业务一线，并对部门工作进行诊断，看部门工作中有什么问题，并马上给出解决方案；如果发现问题很多，就会继续深入调研，找出哪个或者哪些是优先需要解决的。比如，有一次HRBP在对某部门进行诊断时发现工作绩效很差，于是便从员工的士气，再到人员的配备等都进行了诊断，最后发现是平台规划出了问题。HRBP立刻针对平台规划做调整，并拿出了非常详细的解决方案，最终向上呈递给直管人力资源的部长。在部长接受这一方案后，马上投入十多个骨干，专门对平台规划进行整改。几个月后，改过的平台应用效果非常明显，在工作量大量下降的同时，问题少了，而产品则越来越符合要求了。

做平台规划方案，看起来就是一个技术方案，与人力资源完全不沾边。然而，在华为，这样的方案就是在人力资源基础上，由HRBP做出来了，并得到了验证，是非常成功的。

这个案例也告诉我们，HRBP是岗位，但更是一种思维、一种能力。HRBP的核心就是业务伙伴，所做的工作必须源自业务的需要，不再像传统HR一样依据"六大模块"展开工作，而是已经从"六大模块"的思维中跳出来，完全与业务打成一片了。他们去理解业务，识别业务工作中存在的痛点，并且能够针对痛点提出切实可行、"药到病除"的解决方案。这样的方案，并不一定非得是人力资源方案，它可能在人力资源专业的基础上建立，但最终目的却是为了帮助业务解决痛点，以支持业务的成功。

现在国内企业也在不断尝试对HRBP的摸索，但很多都失败了。这其中的原因，除了忽视"三支柱"的整体性外，还有一个很大的原因就在于思维的转变。很多想要转型进阶的HR认为，HRBP不过就是HR的升级版，是一个相对具有挑战性、前瞻性以及"高大上"的岗位，于是本着以前的专业认知，想着一定要为公司搞出一些名堂来。可是，几个月过去，名堂没搞出来，反倒惹来一身麻烦：业务部门怨声载道，嫌HRBP是在帮倒忙，在企业中可有可无。原因是什么？就是因为没能找到业务工作中的真正痛点并解决。而HRBP即便有一身的与人力资源相关的专业本领，若不能在此基础上帮助业务部门创造价值，那这身本领就一文不值。

而在向业务伙伴靠近的时候，不能操之过急、用力过猛，否则很可能会既丢了"本分"，又无法靠近业务。那怎么办？下面这几种思维方式，作为HRBP还是有必要了解一下。

1. 主动沟通思维

沟通，对HR工作来说并不陌生，因为沟通、协调、合作是工作中经常要应对的，每天都要接触各种各样的人以及工作的衔接等。但是，这里说主动沟通，就是要求HRBP在时间、空间、深度上做延伸，不仅要了解HR的专业知识，还要向各事业部（群）延伸，更具策略性、突破性和交互性，要主动从客户的需求出发，积极去满足业务部门的个性化、多样化的需求，让公司各部门之间、各流程之间不存在任何壁垒。

2. 杠杆思维

杠杆的作用，就是"以小博大"。HRBP所扮演的身份也是如此，要了解业务部门的绩效、业务、管理等，以个人专业敏锐度为"支点"，找出业务部门工作中存在的痛点，并制订方案解决这一痛点，达到效益的最大化。

3. 关联思维

关联思维，就是由一些相似的场景或者载体触发关联，比如打破边界的空间转换。而对于HRBP来说，就是在工作上要保持关联性、前瞻性以及角色转换性，比如要有跨行业、跨部门的大局观，要能对企业所属行业发展趋势进行前瞻性分析等。

4. 场景思维

现在的互联网思维，让生活的任何一个场景，不管是现实的还是虚拟的，都有可能转化成消费行为。而从HRBP的角度来说，场景思维主要指的就是对用户体验的注重。在如今快节奏的生活中，要想让消费者不断地追随你、使用你的产品，你就要随时随地去反馈、互动和连接。

总之，在进阶的过程中，HRBP要有的放矢，抓住一些关键点，不断培养并具备一定的融入业务部门、获取业务人员信任的能力，最终成长为能为业务部门、为企业助力的好伙伴。

目录
CONTENTS

第一章　HR为什么一定要进阶到BP ·· 001

三个维度解读HRBP与HR的区别 ·· 002
客户思维促使HR工作重心发生转变 ······································ 008
"盈利为本"理念要求HR必须成为BP ····································· 011
激烈的竞争需要HR具备组织能力 ··· 014
企业的变革、转型需要HR的参与 ··· 018

第二章　尽早进行跨界知识技能储备 ······································ 023

懂财务的HRBP才是好的业务伙伴 ··· 024
HRBP要了解价值链 ··· 032
合格的HRBP要懂运营 ·· 037
HRBP要了解一定的营销知识 ··· 043
HRBP要懂互联网思维 ·· 049

第三章　主动参与，不做业务部门的"门外汉" ························· 057

分析行业发展趋势 ··· 058
熟悉企业的商业模式 ·· 061
每个HRBP都必须熟悉的业务流程 ·· 068

"打入"业务内部，了解业务模式 …………………………… 074
掌握几种该有的思维模式 ……………………………………… 080
及时发现业务部门遇到的问题 ………………………………… 083
了解业务也要有"大局观" ……………………………………… 088

第四章　用数据说话，成功与业务部门及老板"连线" …… 093

数据是最强有力的说服工具 …………………………………… 094
用数据驱动人才盘点 …………………………………………… 099
做好薪酬数据的整理和分析 …………………………………… 104
招聘中可采用的数据及数据分析 ……………………………… 108
正确使用绩效考核数据 ………………………………………… 112

第五章　有影响力的HRBP才能让人信服 ………………… 117

"简单粗暴"的影响力打造法 …………………………………… 118
有效地影响他人 ………………………………………………… 122
主动出击，寻求合作机会 ……………………………………… 127
培养领导力，获取可持续的影响力 …………………………… 132
提升组织能力，展现HRBP的价值 …………………………… 137

第六章　做好团队管理，与业务部门负责人一起排兵布阵 …… 143

学会了"聚焦"，就学会了带团队 ……………………………… 144
培养善于解决问题的人 ………………………………………… 150
好的管理是无形的 ……………………………………………… 153
阿里的"三板斧"，你要拎得起 ………………………………… 156
复盘：回顾→反思→探究→提升 ……………………………… 159
"敏捷管理"带出效率惊人的团队 ……………………………… 166
讲人情的公司都"死"了 ………………………………………… 169

第七章　做好沟通协调的"老娘舅"角色 ······ 173

让领导听到你的声音 ······ 174
理解，认同，接纳 ······ 179
借助有效的沟通工具 ······ 184
"晒KPI"：阿里巴巴的高效沟通工具 ······ 189
学会"搭场子"解决冲突 ······ 194

第八章　以"业务战略合作伙伴"为工作重心 ······ 199

做好战略性人力资源规划 ······ 200
关注人才当量密度 ······ 205
保持企业文化与企业战略匹配推进 ······ 209
"六个盒子"：盘点现状，打开未来 ······ 213
GAPS：将培训与业务需求成功对接 ······ 217
KANO模型：识别业务真实需求和痛点 ······ 221
"BLM模型"助力战略规划 ······ 225
人岗匹配要适应组织机构的变化 ······ 229
平衡计分卡：加强战略执行力的最有效管理工具 ······ 234

第九章　尽心"增值服务"，做企业盈利的贡献者 ······ 243

HRBP都要做的"人才Mapping" ······ 244
要会选择常用的人才测评工具 ······ 250
"三诊断"帮你识别业务痛点 ······ 255
学习联想从"缝鞋垫"到"做西装"的人才培养法 ······ 259
HRBP如何防范高管的跳槽 ······ 262

第一章
HR 为什么一定要进阶到 BP

在一些企业中，HR部门没有地位，没有话语权，不受尊重，主要就是因为其不能真正帮助其他部门解决所存在的问题。那么，HR要想体现自身的价值，为企业创造价值，答案只有一个：成为优秀的业务合作伙伴，也就是HRBP。

三个维度解读HRBP与HR的区别

HR要进阶到HRBP，两者之间必然存在本质性的区别，那么到底有哪些区别呢？我们先来看一个与招聘相关的案例。

某大型互联网公司要招聘前端Leader，我们来看一下传统HR与业务型HRBP在与技术总监对接该职位时的情景：

传统HR在接到这一工作时，向技术总监仅提了几个简单的问题：需要招几个人？该向谁汇报？现在前端Leader有几个人？招到后打算给的薪酬是多少？对要招的前端Leader有什么具体的要求？技术总监一一回答了HR的问题，并且最后提出了要求：具备统招本科毕业资格，具有二线以上的互联网公司工作背景，具备3年以上的前端开发经验，有带过团队的经验。

而业务型HRBP是怎么与技术总监对接的呢？他主要问了这些问题：目前公司前端开发量有多大？现在招前端Leader是希望他能帮助前端解决哪些问题，是为了各项开发进度协调统筹，还是为了提升前端开发水平？未来3个月公司有哪些产品上线？现有的产品改版需要做哪些安排？该职位未来的上升空间有多大，都有哪些上升途径？为什么一定要求二线以上互联网公司工作背景？每月1.5万元的薪资（之前已经跟技术总监有一个沟通）与职位需求和市场行情严重不符，经过分析，每月2.5万~3万元的薪资更符合此类型人才，所以薪资能不能再调高？做前端开发，一般学历要求并不是特别高，重要的还是看能力，所以，统招本科这点是不是能够稍微放宽一些？现有的前端工作是怎么划分的，都存在哪些瓶颈和短板？目前市场上对前端是如何分布的……

从上面与技术总监对接的过程就能看出来传统HR与HRBP的区别，HRBP更注重工作所达成的结果，更注重市场与业务需求的对接。下面我们重点从组织、服务和个人这三个维度来重点解读一下HRBP和HR的具体区别在哪里。

■ 组织

从组织维度来说，HRBP在以下几个方面与HP有所不同。

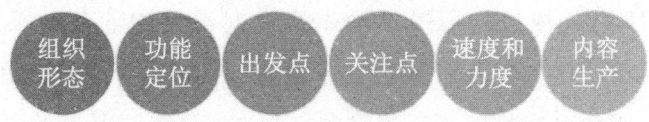

图1-1　在组织维度上HRBP与传统HR的区别

1. 组织形态

传统的HR基本上是每天进入办公室，就开始忙手头上的工作，从来不会主动去业务部门，与业务部门是相分离而独立的；而HRBP则是融入业务中去的一分子，与业务部门密不可分。

比如美国高乐氏公司。高乐氏公司是全球领先的产品制造商和销售商，也是很早就施行HRBP的公司。公司人力资源副总裁布拉迪要求人力资源部的某些成员要成为战略合作伙伴，并且向他们提了一些要求，其中一点就是成为业务团队中密不可分的一分子。

2. 功能定位

传统HR的主要功能就是控制成本，招人以薪资为重，用人以少花钱多办事为重；但是HRBP就不是如此了，更多的是协助业务找出问题并解决问题，以提升业务效率。

还是以高乐氏公司为例，公司人力资源转型时，布拉迪就要求他们将业务团队工作加以组织诊断并明确工作优先顺序。

这就是人力资源向业务渗透的最好的例子。

3. 出发点

传统HR工作基本是从自己出发，自己有多大的能力就办多大的事；而HRBP则是从各部门的业务需求出发，并且根据这些实际需求去匹配战略和资源。

这点在高乐氏公司中也有体现，当时布拉迪要求HRBP必须从公司需求出发，看待计划的修订及新的人力资源计划的制订。

4. 关注点

传统HR更关注过程以及活动本身，对最终的业务结果则不加考量，因此制订出的策略和计划往往不被各部门看好；但HRBP深入了解业务需求，因此更容易以结果为导向，制订对业务有帮助的有效策略，对业务的影响相关度非常高。以上举的高乐氏公司的例子，就很好地说明了HRBP对业务的关注度要高得多。

5. 速度和力度

传统HR与业务因为各自为战，没有关联度，如果需要支持业务部门的工作，还要走各种跨部门的流程，这在速度和力度上都较疲软；但是HRBP因为必须要成为业务部门密不可分的一分子，因此不需要跨部门，就可以提供点对点的支持，响应快，解决问题到位，不管是从速度还是力度上都能起到有力支持。

6. 内容生产

传统HR是事先制订一些策略、规划等，要求业务部门去执行；而HRBP则是在了解了业务的需求后，寻求解决办法，并和业务部门人员共同制订方案。

第一章　HR为什么一定要进阶到BP

■ 服务

从服务的维度说HRBP与HR的区别主要有以下几点。

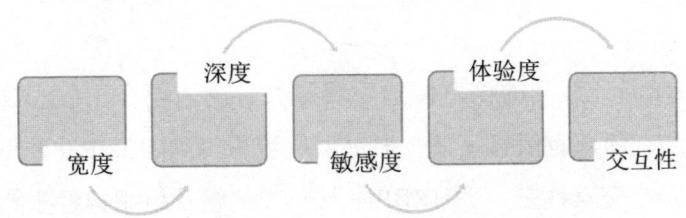

图1-2　在服务维度上HRBP与传统HR的区别

1．宽度

传统HR提供的服务都是功能性、基础性的；而HRBP提供的服务是多样性、社交性的，服务宽度远比传统HR要广。如果用一个比喻来说的话，传统HR像是以前只能接打电话、发信息的传统手机，而HRBP则更像是如今有太多功能的智能手机。

2．深度

传统HR满足的都是共性服务，比如各部门招聘，不管是销售部门，还是策划部门，招聘的事宜都交给HR去办；而HRBP则没有这种共性，其只针对某个部门甚至是个人，提供个性化的精准服务。这就像公共汽车和出租车一样。

3．敏感度

传统HR对制度更为敏感，且在制度以及流程合规性方面更为关注；HRBP对业务端的用户更为敏感，在考虑制度以及流程合规性的同时，还会针对用户的具体实际需求给出合理的服务。

4．体验度

传统HR通常都是依据六大模块（人力资源规划、招聘与配置、培训与开发、绩效管理、薪酬福利管理、员工关系管理）去服务各部门，中间流程繁杂，不但容易出现"踢皮球"现象，还容易出现延迟和滞后，因此体验度不佳；HRBP则不同，其直接深入业务一线，做好了"最后一公里"对接，体验度好。

5. 交互性

传统HR与一线间的信息传递障碍很大，这主要在于他们没有渗透到一线中去，即便有信息反馈，通过层层流程得到的很多并非是最真实的声音，因此交互性差；而HRBP深入一线，触及组织神经末梢，上传有HR专线，下达触手可及，这就体现了非常强的交互性。

■ 个人

从个人维度说，HRBP主要有以下几点与HR不同。

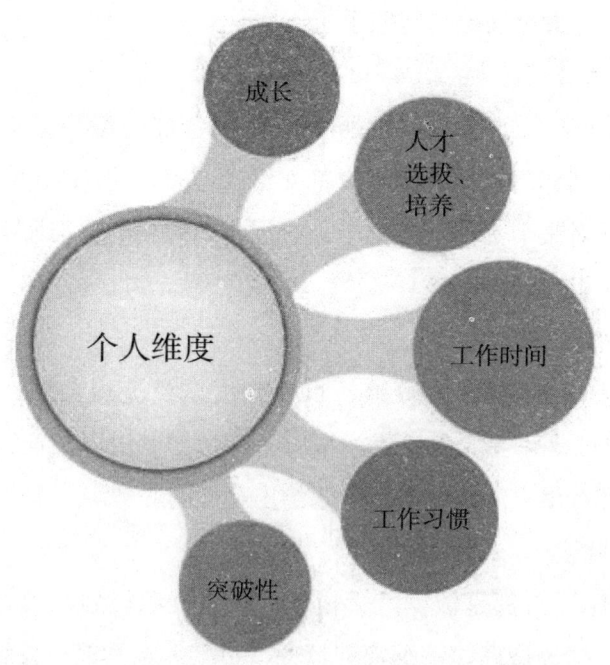

图1-3　在个人维度上HRBP与传统HR的区别

1．成长

传统HR习惯模块分工，看任务工作，工作过程中团队协作性不强，更多是单打独斗，易成长为专家型人才，但同时也因为专业的壁垒原因，职位天花板明显；HRBP是为了解决实际问题，必须要和业务搭档紧密合作，与业务共成长，不但与部门负责人，也要和一线员工打成一片，因此更容易成长为管理型人才，且职级可以在HR领域及业务领域中螺旋式上升，职业选择前景广阔。

2．人才选拔、培养

传统HR的人才选拔、培养，主要靠的是内部循环；HRBP的人才选拔来源多、渠道广，且对人才的培养方式也是多种多样的。

3．工作时间

传统HR基本上都是实施打卡上下班的标准工时制；HRBP则是按照业务部门的工作习惯，与业务同步，多采用不定时工作制。

4．工作习惯

传统HR属于职能部门，日复一日地忙于专业的人力资源事务，更容易改进及优化做事方法；HRBP深入业务部门，需要深刻洞察行业、产品及客户的发展趋势，有策略地去调整人力资源的各项规划和举措。

5．突破性

传统HR更习惯依据模块分工工作，同时受内部条件约束，很难突破岗位和职责边界；HRBP则不同，他们要不断面对新的市场、新的变化、新的需求，需要持续发挥自己敏锐的嗅觉以及进攻的状态，不断突破舒适区，向新的领域进攻。

进阶：从HR到BP的修炼之道

客户思维促使HR工作重心发生转变

随着互联网的发展，我们经常会听到"客户思维"这个词，说白了就是站在客户的角度思考问题，用客户的语言描述客户关注的点，由此帮助客户思考和判断。"客户思维"是提升竞争力的一大方法，很多公司在产品设计、生产等源头方面，已经开始从客户的角度考虑了。这种以客户为导向的转变，让HR的工作也开始由原来的"六大模块"逐渐向外延伸，而这一延伸还要求HR将目光放于企业内外两个方面的客户上。

■ 企业外

HR要考虑的企业向外延伸，重点是企业的客户，也就是业务部门平时要打交道、生成订单的客户。而这看似只是业务部门的事务，为什么要涉及HR部门呢？下面我们以摩托罗拉为例来说一下。

摩托罗拉公司在中国市场取得了杰出成就，而这一成就还要归功于其自身创办的企业大学。在其全球几十个企业大学的校园中，有50%的受训者是供应商或者客户。就拿开发中国市场来说，在开发之前，摩托罗拉公司就已经提前对中国区的管理者进行培训了。

其实不仅是摩托罗拉公司，就是通用电气公司在培训课程上也更偏于供应商和客户，以极力完善价值链，消除这中间的所有障碍，以期双方都降低成本，提升服务水平及绩效，最终以创造双赢为目的。

摩托罗拉公司和通用电气公司的案例告诉我们，HR的工作重心要从原来的企业内部活动转向客户，尤其是与客户相连接的价值链。HR

要针对价值链开展培训，这个培训可以将供应商、员工以及客户糅合在一起，构成一个价值链团队，而培训的重心必须按照客户的标准严格加以定义。在对员工设立的奖励计划中，也可以让供应商和客户作为评估者以及分配者。

公司的外部关系除了与客户形成的价值链以外，还有一部分属于价值网络，在这部分价值网络中，HR也起着非常关键的作用。依然以摩托罗拉公司为例。

摩托罗拉公司与英特尔存在联盟关系，但是这个关系非常复杂：摩托罗拉公司既是英特尔的供应商，又是英特尔的竞争对手，还是英特尔的客户。这么复杂的关系网，到底哪些是相互间可以合作的，哪些是存在竞争的？在这张关系网中，又该找到怎么样的人员去匹配才能符合企业的发展，才能将价值发挥到最大？这类人员的培训、薪酬等又该如何规划……这所有的一切，都需要摩托罗拉公司的HR去理顺，然后给出有效的方案。

而如今的竞争越来越激烈，HR如果还以固化思维，仅守着人力资源的"一亩三分地"，依据"六大模块"展开工作，势必无法体现自己对企业的价值，也因此，才会让诸多企业生出疑惑：HR部门到底要还是不要？其实，在此还是奉劝各位企业主一句：HR还是要的，但不是现在这种模式，而一定要把事务"管宽"一些。

■ 企业内

传统的人力资源组织架构，属于职能式的，HR认为自己本身属于管理层，要帮助企业监督和管理业务人员，工作大多是"以自我为中心"的。但是，在竞争性不断加大，且大家都在追逐组织人本效益最大化的今天，人力资源部门不仅要有管理的职能，同时更多要具备服务的职能。

而说到服务，就一定要涉及服务的对象、客户。传统职能式的HR几乎从来不会去思考人力资源部门到底在为谁服务，而如今为了适应竞争，也为了真正在企业中体现自己的价值，就要考虑这点了。这点也是对HRBP的要求。

那企业内部到底都有哪些"客户"呢？上至总裁、董事长、公司高层，下至各部门负责人、一线员工，都应该是企业内部的"客户"。而HR就要站在他们的角度去思考问题。此时的职责也有所变化，不再是抱着"六大模块"，而是体现在公司战略、部门战略等层面，体现在达成并有效提升关键业绩目标、短期目标等层面……然后再在人力资源的专业基础上，及时调整人力资源战略，以适应外界竞争环境。

认识到了客户，聚焦客户，向客户思维转变，并不是简单的迎合，而是要让客户满意。比如高层提出的战略规划是不是合理，不合理的地方在哪里，有哪些完善或规避的方案，这些就要求HR及时发现并给出解决方案；战略制订完毕进入实施阶段后，HR还要配合各部门"领悟其精神"，然后协助各部门制订切实可行的实施措施，再传达给一线员工去具体操作。这才是真正体现了价值。

再比如绩效考核，以往可能是HR制订出绩效考核表，然后下发到各部门照表执行，但是这样很容易激起各部门的不满。当有"客户思维"以后，就要先认真了解部门需求，在明确了怎样的绩效考核才能帮助部门解决问题、提升效益后再制订，各部门自然会用、爱用，甚至抢着用。

这就上升到真正帮助企业以及各部门解决问题的高度了，而这也是对HRBP的要求。因此，HR想要体现自己对企业的价值，就不得不向HRBP进阶。

"盈利为本"理念要求HR必须成为BP

企业作为一种经济组织,是以市场为导向、以盈利为目的的,尤其是在现如今外界竞争压力异常巨大的形势下,盈利能力成了企业生存和发展的先决条件。一个在利润上不具备竞争力的企业,是无法长期存在并发展下去的,尤其是那些处于长期垄断地位的企业,在这一地位失去后,企业也即将走向消亡。

企业提升盈利能力的途径可能有不少,但更多的还是来自以下两个方面:降低成本和营收增长。

■ 企业降低成本

西方大多数企业,在过去一二十年,甚至更长的时间里,为了增强盈利能力,将重点放在了"清理碎片"上,比如不断裁员、采用扁平化管理等,以期用最少的资源办成最多的事,进而在效率提升、流程改进、成本降低的前提下,让企业的盈利能力逐渐提升。

在这期间,这些企业不断尝试各种可行的方案,比如业务流程再造、成本分析、授权、目标设置、领导力发展、使命愿景及价值、浮动薪酬等,而明眼人一看便知,这些方案大多数都是体现在利润计算公式中的成本部分,以降低人力成本、流程成本等,但是在整个实施的过程中,都不能少了HR的参与。

HR如果还仅是抱守"六大模块",就很难参与其中。比如业务流程再造,业务流程中存在哪些浪费成本的地方,需要精简哪些不必要的环节,减掉这些环节后又该配备具备什么条件的人员来完成现有的工作……如果不参与到业务当中去,HR是怎么都无法发现其中的问题的,更没有办法给出流程再造的方案以及合理的人员配备。

■ 企业营收增长

上面这种"以成本为导向"的解决方案是有效的,不过仅是利润计算公式中的一部分而已,其中还有一部分,也能够提升盈利能力,那就是营收增长。

营收增长的优势在于,它需要采用不同的增长方法来增加收入,而这个过程并不是以降低成本为基础的。更重要的是,这种方式更利于激励人心、令人信服,同时也表明了企业有自己的愿景,愿意不断成长,而不是每天为如何降低成本而畏首畏尾地不敢前行。知名企业的CEO绝大多数都致力于增加营收,且将增加营收作为企业的经营目标。

增加企业营收,大致有以下几条途径。

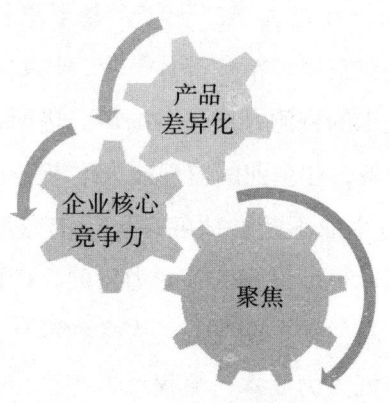

图1-4 增加企业营收的途径

1. 产品差异化

产品差异化(Product Differentiation),指的是针对那些基本相同的产品,企业通过某种方式加以改变,以让消费者感受到这些产品存在的差异而产生不同偏好,进而来促进购买行为。

当消费者存在选择余地匮乏的情况时，对价格的敏感程度就不高。但是将产品差异化后，对这部分产品有偏好的消费者，就会在进行价格对比后选择有差异化的产品，这样一来，差异化产品便可以带来较高的收益。而且，采取差异化战略赢得消费者的信赖以后，即便后续市场上其他商家投入了替代品，其所处的地位依然要强于竞争对手。

然而想要实现产品差异化，成功将研究成果转化成差异化产品，就要投入广泛的研究、多样的产品设计、高质量的材料或周密的顾客服务等。而在具体实施过程中，少不了人员配备、与人力资源专业相关的"疑难杂症"出现，而这个工作自然要求熟悉各部门工作流程、人员配给需要的人来完成，而长期居于HR部门的传统HR在不了解业务的情况下，是很难插手其中的。

2. 企业核心竞争力

企业核心竞争力是企业具备的能够开发独特产品、发展独特技术以及开发独特营销手段的能力，是企业长期发展中所形成的。企业核心竞争力是以企业技术能力为核心，并以企业战略决策为基础，将各种经营要素加以整合的一种资产与知识的互补。而企业核心竞争力的构成，还需要HRBP在了解业务的前提下，由企业内部提拔或者由企业外部招聘而来。

3. 聚焦

降低成本、产品差异化以及构筑企业核心竞争力，是面向所有企业、所有行业的，但是聚焦就不一定了。聚焦就是采取集中化策略，围绕某个特定目标进行生产经营活动，可以在产品上聚焦，可以在服务上聚焦，还可以聚焦于某一目标市场、目标客户等。

比如某房产公司要推出一个高端别墅区，在经过目标市场细分后，最终将目标客户锁定在大型企业中层以上管理人员、私营企业老板以及外资企业的高级白领中。于是他们便开始制订客户聚焦的精准化营销方式，并只在一家日报及财经报纸和一家电视台这些高收入人士更多关注的媒体渠道投放广告，一举获得了成功。

不管采用哪种聚焦方式为企业增加营收，期间都离不开HRBP的努力。就以上述这一房产公司的广告方案为例。广告投放途径有很多，印刷彩页发放、公交车上打广告、地铁扶手上贴广告等，都是宣传的途径，但是这些途径却并不适合购买别墅的高端收入人群。高端人士很少会去坐公交车、地铁，为了节省花费在路上的时间，更多的会开车或聘请专属司机；大街上发放彩页的途径对这类人群的影响也非常低。能够提供更多政策性信息、经济性信息和金融信息的日报、财经报纸等，则更受这类人群的喜爱。所以，HRBP在这个环节中，就要协助相关负责人制订最有效的方案，建立相关的流程，并为宣传、销售团队培训相关人员，以快速响应业务的开展。

降低成本和增加营收都能提升盈利能力，如果将两者相结合，那达到的效果就更为明显了。

其实不管是采用哪种增加营收的途径，还是通过哪些途径降低成本，都需要重新思考组织以及HR工具，才能促使组织运营实现增长。而这个过程，必须要建立在对业务的熟悉基础上。因此，HR必然是要向HRBP进阶的。

激烈的竞争需要HR具备组织能力

毋庸置疑，每个组织都具有自身的独特性，但是组织间有模仿，因此在成本、技术、渠道以及生产和产品性能方面，就越来越像，由此让传统的竞争方式成了公开的秘密。没有这些竞争力，公司必然不会赢；

但是具备了这些竞争力，也不一定能赢，因为大家都清楚这里面的"套路"。所以，想要赢，就必须有新的竞争模式去打破传统的竞争方式，真正识别出能够为客户创造价值的组织能力。

组织能力，也就是企业超越竞争对手的能力所在，也是组织应对外界的反应与自身调整能力，比如创造业绩、影响社会、战胜竞争对手等的过程和结果，都是组织能力的表现，组织架构、公司体制、工作流程以及企业文化等，也都属于组织能力的范畴。

组织能力一般由软、硬两方面的能力组成。

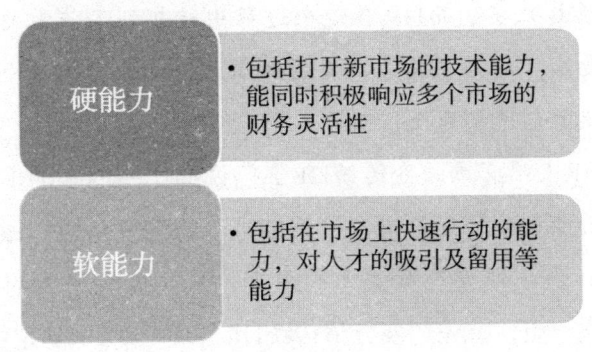

图1-5　组织能力的构成

硬能力一般易被人模仿，但是软能力就是考验企业竞争力的实质了，因此不少公司为了提升竞争力，都在不断提升软能力，比如加强全面质量管理、流程再造等。而在这个过程中，就需要HR首先要具备组织能力。

首先，HR人员必须先定出组织到底需要哪些必备的能力，然后才能有针对性地展开工作。直线经理要不断地与HR人员一同寻求提升竞争力所具备的组织能力，而且他们也要非常清楚公司具备哪些能力，公司具备竞争力的具体能力体现在哪些方面，如何让这些具体能力与公司的战略相结合……这样的问题要持续不断地出现在HR日常的工作中。

比如一家房地产企业，沿用传统销售法大大拉低了销售利润，于是准备转到电商上,借助互联网卖房。HR就要考虑了,传统的业务销售人员的能力是不是能够支撑网上销售?不一定能了。所以此时更多要从运营等方面寻求人才。也就是说,目前组织具备的能力可能仅限于传统销售,但是网上销售的话还得进行能力打造。

再比如平安集团想要抢滩二手车电商平台,但是这一领域该集团以往从来不曾涉足过,虽然这方面资源很丰富,却苦于组织人才能力不足,迟迟得不到任何的进展。而接下来,该集团在人才储备方面进行了大力投入,使整个组织的能力有了长足发展,所以,其二手车电商平台便自然发展起来了。而HR在这个过程中就起到了非常关键的作用,针对集团的要求,打造了集团需要的组织方面的能力以及个人方面的能力,真正为集团创造了商业价值。

其次,HR人员必须改变传统HR部门说的比做的多的现象,他们不能仅是撰写价值声明,而必须在价值创造上扮演好角色,做真正能够创造价值的事,真正建立有竞争力的组织,从企业竞争力的角度衡量成果。要做到这一点,首先还要分清传统HR与现今对HR的定位要求。

传统HR对HR工作的认识是这样的:

(1) 喜欢与人相处才选择了HR工作,容易当好"好好先生"。

(2) 任何人都能胜任HR工作。

(3) HR工作涉及企业软能力,无法量化。

(4) 成本控制是HR工作的重心。

(5) 执行好了公司政策就做好了HR工作。

(6) HR工作只是HR部门的事情。

那在新形势下,要求HR具备组织能力时,又该如何认识HR工作呢?

(1) 让员工更具竞争力,而不是做"好好先生",为员工提供舒适满意的环境。

(2) 必须既通晓理论，又精于实践。

(3) 对企业成果贡献必须加以衡量，必须学会如何将具体工作转化成经济成果。

(4) 工作重心是创造并提高价值，而不是控制成本。

(5) 要帮助直线经理去执行好公司的政策。

(6) 将工作视为管理发展的一部分，与直线经理一起开展HR工作。

(7) 公司转型时，必须要引领公司的文化转型。

不过想要在此基础上顺利展开工作，还需要HR进行以下几个方面的努力：

(1) 具备建立组织信心的能力，确保管理者言行一致，在组织内外人员间建立良好声誉并树立威信。

(2) 确保信息及观点，不受组织边界、部级边界、部门边界以及外部边界的影响，要具备消除组织边界的能力，让信息及观点顺畅流通。

(3) 要不断培养组织变革能力，确保组织面对新的挑战时能够灵活创新。

(4) 要不断加强学习及培养自我突破能力。

此外，HR还要帮助直线经理建立一个比竞争对手更快速学习、反应、行动和变革的组织，帮助直线经理识别出能够决定企业成败的组织能力，给出培育这种组织能力的人力资源管理方案。

由此可以看出，在新的竞争形势下，HR必须具备组织能力。

企业的变革、转型需要HR的参与

在市场竞争不断激烈的现状下，HR不能拘囿于在办公室中办公，而是必须要站出来、走出去，为企业创造价值。而创造价值的途径之一就是参与企业组织变革、转型，帮助变革、转型顺利成功。

变革指的是一个组织改进战略举措的设计与执行，进而加快组织行为周转速度的能力。转型则指的是企业发生根本性的文化变革。

HR人员在企业变革、转型中，起着非常关键的作用。在变革、转型中，有两个大的难题存在：一是变革的推广；二是企业高管存在的个人矛盾。

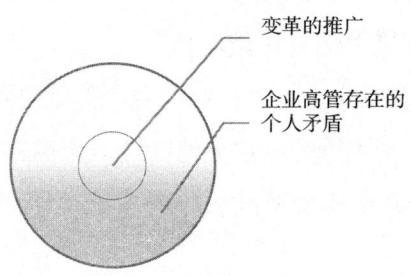

图1-6 企业变革转型的难点

企业想要保持持续的竞争力，变革、转型是必经之路，但是在这一过程中，如何让变革顺利推广，就需要HR人员的从旁协助。HR人员必须定义出变革的组织模式，还要将其推广到整个组织中，协助组织快速适应并应用这种模式。然而，在面临产品生命周期越来越短、企业变革速度越来越快的现状下，HR人员不得不快速、敏捷地处理更多的问题。比如：如何才能让组织、员工成功地从以往的旧有流程中转到新变革的流程中？哪些做法需要彻底改革，哪些该部分改革、部分保留，哪些又该一直延续？怎样才能让大家都投身提升企业竞争力的组织变革中？如何才能提升大家的快速变革及学习能力……这些问题可不像一般的绩效考核，是必须不断深入业务中，在了解业务的基础上，才能给出确切的且能够帮助企业创造价值的答案。

而在变革中，企业高管本身就存在一定的矛盾，这样的矛盾给变革也造成了障碍。这种矛盾主要体现在高管一边发表着激动人心的演说，一边又自身沿用着传统做法，没能及时改变，导致言行不一，没能做到以身作则。这就很难服众了，因为员工很多时候是看领导的行为，而不是单纯听他们演说。这就给HR人员提出了挑战，因为这些管理者大多是大权在握、事业有成者，该如何提醒并监督他们言行一致，就需要HR人员好好揣度了。

那么到底HR在企业变革、转型中发挥了什么样的作用呢？我们从技术、人才和协调员三个方面来说一下。

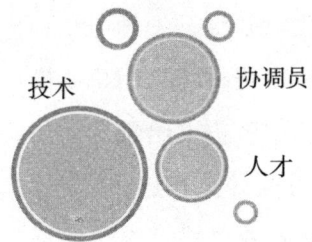

图1-7　HR在企业变革、转型中发挥的作用

■ 技术

技术创新速度之快，都可以用日新月异来形容了，很多企业已很难赶上技术革新的脚步，互联网、视频会议、即时信息、大数据分析系统等，不断地为企业活动创造着新的环境以及新的工作方式。

而在这个过程中，HR人员就要协助直线经理重新定义工作，以思考如何让技术成为生产力，成为工作中必不可少的一部分。此时，HR

人员单纯抱着人力资源"六大模块"就很难走在信息曲线的前端，捕捉新的技术信息，更不用提通过学习来充分利用掌握的信息为企业创造价值了。

■ 人才

随着技术的不断革新，企业对人才的需求也会跟着不断变化，所以，吸引、留住人才已经成了企业提升竞争力的又一战场。而因为竞争的升级，对人才技能的要求越来越严苛，符合条件的人才更是凤毛麟角。因此，未来企业的成功必然要积极争取优秀的人才，必须能够吸引、培养和留住具有领导企业所需技能、视野及经验的人才，也就是夯实企业不断提升竞争力的智力资本。

夯实智力资本，首先就要提升领导力及领导梯队建设。未来的领导方式已经不能是一系列命令指挥了，而是要懂得团队分享；同时要适应新趋势，了解不同文化。这就需要给领导力注入新的内涵，建立新的领导力模型。而企业目前可能并没有这种管理者，这就需要HR配合企业最高领导或者直线经理培养或寻找。

其次，夯实智力资本，还需要在组织内部进行想法与信息的快速分享，鼓励大家有新的工作方法或者新的提升技术的想法时，就在公司或者部门传播分享。而HR人员和直线经理要重视这种模式的推广，同时也需要HR人员深刻理解业务。

最后，夯实智力资本，还需要能够快速学习，从想法到愿景，从愿景到行动，然后让行动满足客户的需要，这个过程中就产生了快速学习。而HR在这一过程中，就要创造一个能够持续提升智力资本的组织，并有效管理学习流程，以缩短组织中智力资本的半衰期，及时让知识更新换代。

通过上面的叙述就能看出，在企业变革、转型中HR需要发挥的作用。但是传统的HR无法突破瓶颈，满足这些要求，只能向HRBP转型。

■ 协调员

协调员是HRBP扮演的角色。在组织为了应对外部环境竞争要进行变革的时候，各事业部都要跟着变革，此时，就需要一套新的人力资源制度、流程方案来跟上，同时还要建立和完善独有的企业文化。而这个过程必然是由人力资源部门来做的。

但是仅是做肯定不行，方方面面的问题协调不清楚，各部门的工作就不会顺利开展。所以，为了保证各事业部的目标达成，HRBP就需要将其诉求上传给高层领导，以确保事业部有足够的资源作为支持；而高层对事业部有什么要求，也需要HRBP来下达。

这个工作为什么要HRBP来做？这主要源于HRBP的以下几个特点：

1. 倾听

HRBP是善于倾听他人需求和意见的人，更是能够了解他人内心真实想法的人，这就让组织变革有了多种可能性的参考。

2. 共识与和解

组织变革必然会经受"阵痛"，尤其是在遭遇"剧烈震荡"（比如高层战略变化，直线经理不接受等）时，就要有人与直线经理一起找共同点，缩小差异。在战略目标上达成共识与和解，并在获得共识的基础上，妥善处理不同部门间的差异。而这个任务就要求由HRBP来完成。

3. 上传下达

企业的战略目标，要落实到各部门并落地实施才算有效，而这个过程需要有人去帮助分析并制订落地方案；同时在战略落地过程中，来自基层的不同的意见，也要有人上传到高层才行，这样高层才能针对基层提出的具体问题，对战略加以修改、完善，并选择最优的落地方式和方法。而这个工作依然需要HRBP去完成。

4. 创建企业文化

在组织变革的同时，企业文化也跟着在变，此时就需要有人来认同企业的长期战略，同时创建新的企业文化，以适应企业的变革。而这一重担依然需要HRBP来实现。

所以，从企业一开始决定要变革、转型的时候，HR就要积极配合并参与这一行动，并最终协助企业或者直线经理完成变革、转型。

此外，需要注意的是，变革、转型并不是改进。

改进是什么？比如通过裁员、整合、重组等，降低成本、弃掉不盈利的业务、砍掉影响工作效率的流程环节等，这些都属于改进，让企业运转更有序、敏捷和高效。

但变革、转型是彻底改变企业在客户以及员工心目中的形象，并不是为了抢占市场，而是为了抢占心理位置。如果现在的公司形象定位在客户与员工心中与以往不同，就说明公司变革、转型成功了。

第二章
尽早进行跨界知识技能储备

以往，HR要具备一定的专业知识以及有关统计学、心理学等方面的知识。但如今，随着互联网时代以及多元化发展战略的影响，企业需要向更高层次发展，此时就要求HR不但要具备以往的知识，同时还要更多地储备财务、运营、业务流程以及互联网思维等方面的知识，以实现尽早跨界。这也是对HRBP的基本要求，以更好地支撑企业的业务发展。

懂财务的HRBP才是好的业务伙伴

企业是以盈利为目的、追求利润最大化的组织,其经营离不开三种资源:财务资源、物质资源以及人力资源。在这三种资源中,只有人才资源是主动的。在如今知识经济时代,决定企业经济发展最为主要的资源就是人力资源,所以,人力资源已经成为现代企业的核心竞争力。

人力资源想要成为企业的核心竞争力,就必须要贴近业务,这也是企业对人力资源管理者的迫切要求。因此,HR人员在向HRBP进阶的过程中,还需要做好以下几方面的知识储备。

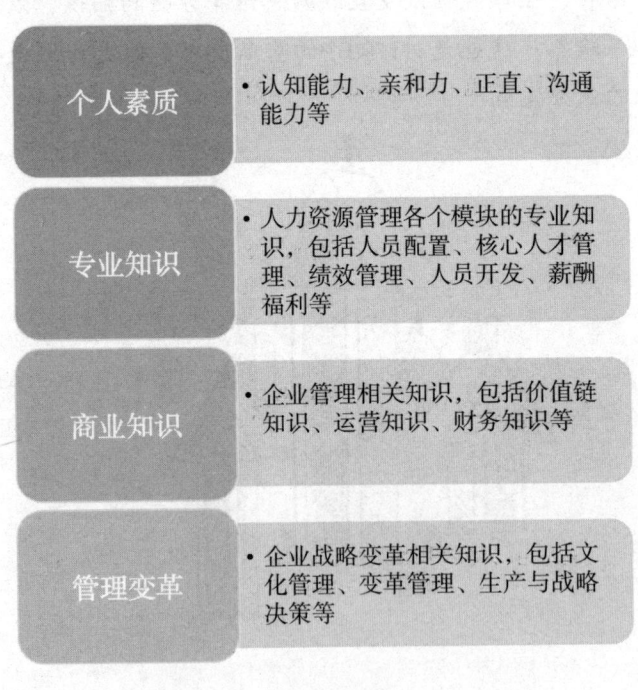

图2-1　HRBP应做的知识储备

有道是"人财不分家"，HRBP如果连最基础的财务知识都不懂，就很难获得业务部门的信赖。而在本节，我们就重点介绍HRBP由人力资本转化为财务资本、由人才转化为"人财"需要了解的财务知识。

■ 基础会计知识要学点儿

某君在HR岗位上摸爬滚打三年，觉得工作每天就是按部就班，没有什么前途而言，于是跳槽去到一家企业做HRBP。受上级领导的指派，他到一个事业部协助其部门负责人及员工提升效益。此君觉得这是上级领导对新上任的他的一次考验，于是在简单了解了部门的业务发展之后，便大笔一挥，制订了一份看似非常完美的方案。然而，这份方案交到部门负责人手中不到10分钟时间，部门负责人就气冲冲地过来质问他："你确定这份方案具有可行性吗？你知道要是采用这份方案前期需要投入多少吗？照你这方案，最后我们部门忙活半天，不但挣不了钱，还得赔进去至少1000万元。"紧接着，某君被这家企业直接开除了。

业务部门是直接能够为企业创收的部门，他们可能每天都要跟"钱"打交道，基本的业务知识还是了解一些的，而一些盈利模式，他们也是有一定了解的。如果HRBP不懂财务知识，与业务部门的沟通就不可能在同一个频道上，更别谈什么公司盈利方式与业务模式了，如此的HR自然无法取得业务部门的信任。

我们且不说上例中某君为事业部制订的是何方案，单是从部门负责人的"赔进去至少1000万元"来看，某君就不懂财务，因为任何的方案、规划等，都需要建立在一定的财务支出的基础上。虽然HRBP不用像一个专业财会人员一样，有关财务的方方面面都能精通，但是一些基础的财务知识也是要有一定了解的。

1. 反映财务状况的三种会计语言：资产、负债和所有者权益

我们通过一个公式可以清晰地看出三者之间的关系：

资产＝负债+所有者权益

资产是企业拥有的全部资源；负债和所有者权益，是资产的来源渠道，其中包括债权人的投入、所有者的投入，或不同权利人对企业资源的要求权。

债权人对企业全部资源有要求权，企业应对债权人承担偿付责任，偿付结束后，余下的才是所有者权益，也就是企业资产净额。

2. 反映企业经营成果的三种会计语言：利润、收入和费用

我们也可以通过一个公式清晰地看出三者之间的关系：

利润＝收入-费用

利润无疑是企业经营者最为关心的，也是HR进阶成为HRBP的目的。而在这一部分中，最重要的是收入，就是企业在销售产品、提供劳务等时产生的现金流入以及债务的清偿，有营业收入（主要包括主营业务收入）、对外投资收益以及其他业务收入。HRBP就是要帮助业务人员不断为企业增加营收，两者要共同研究提升业绩的方案。比如针对销售人员的业务能力提供培训；销售人手缺少时，及时招聘优秀销售人员；积极制订激励方案，以提升销售人员的工作积极性等。

3. 成本和费用

HR很多都分不清成本和费用的区别，在支出中，凡是与企业生产经营相关的部门都被转化为费用，但其实因为用途不同，费用有生产成本以及期间费用的区别。产品制造中发生的成本消耗就是生产成本，销售费用、管理费用等则属于期间费用的部分。

4. 人力成本

人力成本指的是企业在一定时期内，在生产、经营以及提供劳务活

动中，使用劳动者而支付的直接费用与间接费用的总和。一个周期内的招聘、选拔、录用、安置成本，岗前培训、能力提升培训，离职补偿、离职管理，工资福利等，都要归于人力成本中。

在帮助业务部门合理招人、用人时，HRBP需要预估新一年的人力成本，而这个过程基本包括五个步骤。

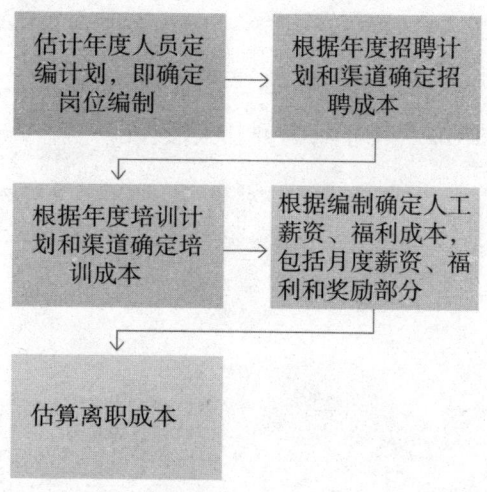

图2-2　HRBP预估人力成本流程

以上几点，HRBP都要有所了解；而其核心，即企业财务状况以及企业经营成果，HRBP一定要熟知。

■ 熟知三张财务报表

年初，新上任的HRBP与某销售经理经过协商之后，向部门一线人员下达了一个年度目标：销售额2000万元。任务一下达，部门成员就开始拼命去完成各自的销售任务了。一年很快过去，年底总结的时候到了，此时才发现该年的目标连一半都没有完成，还有1000多万元的款项没有回来。HRBP和销售部经理对这个结果非常不满意，但一线人员却认为自己完成了任务指标。

之所以会出现这种让双方都非常苦恼的局面,就是因为在年初制订目标时,HRBP和销售经理只考虑了利润指标,却没有确定现金流指标。如果当时也确定了现金流指标,那一线的销售人员就会全力催收账款和欠款。

出现这一结果,HRBP难辞其咎,因为在其协助业务经理制订方案时,没能及时发现问题。可再深究一下,为什么没能及时发现问题呢?这里面很可能是HRBP并不了解财务三大报表。

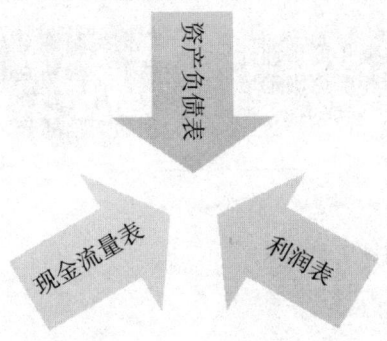

图2-3 财务三大报表

如果你以为只要掌握了基础的财务知识就可以了,那你又大错特错了,不懂以上这三张财务报表,你依然还是没有办法做好合作伙伴。

1. 资产负债表

通过资产负债表能看出企业资产的状况:分布状态、负债以及所有者权益的构成,可以看出公司的资金营运及财务结构是否正常、合理,同时也可以据此分析公司财务的流动性及变现能力,了解公司长短期债务及偿债能力和抗风险能力。

想要看懂资产负债表,就需要从以下三个方面入手分析。

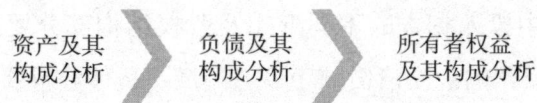

图2-4 资产负债表分析

首先是资产及其构成分析。资产分流动资产和非流动资产。

流动资产的分析包括企业库存现金、存款、短期投资、应收应付款项、存货等资产的数量及变化。若流动资产金额与往年相比增加了,就说明企业的支付能力与变现能力增强了。

非流动资产又分为长期投资、固定资产和无形资产等。长期投资,指的是一年期以上的投资,如果公司长期投资增加,比如公司控股、实施多元化经营等,就表明公司发展前景光明;固定资产及实物形态资产,能够反映企业生产经营规模,并可反映在持续经营条件下,各项未折旧、摊销的固定资产在未来能回收的金额,需要特别注意折旧、摊销的合理性,少提折旧会增加当期利润,多提折旧就会减少当期利润;无形资产主要指的是商标权、著作权、土地使用权、非专利技术、商誉、专利权等,分析时,需要特别注意无形资产的摊销期限及摊销方法是否合理,在规定期限内是否摊销完毕。

其次是负债及其构成分析。负债以其偿还时间的长短来分,有流动负债和长期负债两种。

流动负债要按照实际发生额记账,在分析时,要确保没有遗漏,所有负债都必须在资产负债表中有所反映;流动负债的数量、发生时间及原因,都要重点关注,如此便可以结合货币资金分析企业在近期的偿债能力。

长期负债指的是长期借款、应付债券、长期应付款项等,分析时,要注意重点分析、了解债权人情况。

最后是所有者权益及其构成分析。所有者权益包括四个方面的内容:股本、资本公积、盈余公积和未分配利润。

股东权益中投入资本的不同形态及股权结构部分要重点分析,看股东权益中各要素的优先清偿顺序等。资产、负债分析要与利润表相结合,通过资本利润率计算分析,看企业的盈利能力及水平;通过存货周转率计算分析,看企业的营运能力。

2. 现金流量表

现金流量表是反映企业现金流入与流出信息的会计报表。此处的"现金",不仅包括企业在保险柜内的现钞,还包括银行存款、短期(3个月以内)证券投资以及其他货币资金。通过现金流量表,可以看出企业经营活动、投资活动以及筹资活动产生的现金收支活动和现金流量净增减情况,通过这些便能看出企业的变现及支付能力。

现金流量	现金收支活动
经营活动现金流量	企业开展正常业务发生的现金流入量、流出量及净流量,如销售产品等形成的现金流入量,购买原材料等形成的现金流出量等
投资活动现金流量	企业取得及处置证券投资、固定资产及无形资产等发生的现金收支活动和结果,如出售固定资产形成的现金流入,买入股票或债券形成的现金流出等
筹资活动现金流量	企业在筹集资金时发生的现金收支活动及结果,如企业发行债券形成的现金流入量,且有支付利息、归还借款等形成的现金流出量等

对现金流量的分析主要从以下三个方面展开。

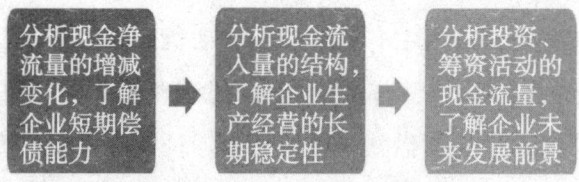

图2-5 现金流量分析

本期现金净流量增加,表明公司短期偿债能力增强,财务状况佳;本期现金流量减少,则表明企业财务状况困难,偿债能力弱。不过,若公司的现金净流量很大，表明公司没有针对这部分资金进行有效利用，造成了一种资源浪费。

企业生产经营活动属于企业主营业务，由此而得的现金流量，能够不断用于投资，再生出新的现金流。主营业务的现金流量多，表明企业发展稳定。投资活动及筹资活动发生的现金流量，都是服务于主营业务的辅助活动，一是为了给闲置资金寻出路，二是为经营活动筹集资金，若这两部分现金流量过大，就表明企业财务状况不稳定。

分析投资活动，要重点区分对内投资和对外投资。对内投资的现金流出量大，固定资产、无形资产等增加，表明企业经营良好；对外投资现金流入量大幅增加的话，表明企业经营资金不足，正在由外部引入资金，以满足生产经营的需要；若对外投资现金流出量增加，表明企业资金充足，且正通过转让资产使用权来获取收益。

3. 利润表

利润表主要反映了两个方面的内容。

一是企业的收入及费用。反映了企业在一定时期内实现的利润或发生的亏损，由此可以分析企业的经济效益及盈利能力。

二是企业的财务成果。反映了企业各种利润来源在利润总额中所占的比例，还有这些来源之间的关系。

对于利润表的分析主要从以下两个方面入手。

图2-6 利润表分析

企业当期收入的内容，包括当期收讫现金的现金收入、上期预收账款实现的收入、本期发生的应收票据和应收账款等实现的收入。通过销售产品、提供服务可以获取营业收入，为他人提供资源也可以获取租金、利息等收入。收入增加就表明企业资产增加、负债减少。

费用项目分析要重点注意费用包含的内容是否得当，是不是贯彻了权责发生制、历史成本、划分收益性支出与资本性支出等原则；还要重点对成本费用的结构和变动趋势加以分析，看各项收入占营业收入的比例，了解费用结构是不是合理，不合理的费用是怎么产生的，这点是要查明原因的，同时要明确各项费用增减变动的趋势，以分析企业管理水平及财务状况，预测公司的发展前景。

有了基本的财务知识以及三张财务报表的知识储备，HRBP就能了解企业的资产负债情况以及如何盈利、如何对利润进行分配等。有了这些知识作为后备支持，HRBP就能深层次地理解企业战略、业务策略，看清企业面临的困境以及帮助业务部门出谋划策。

HRBP要了解价值链

人力资源的作用是非常重要的，从比尔·盖茨的话中你就能感觉出来。他说："如果把我们公司顶尖的20个人才挖走，那微软就是一家什么都不是的公司了。"他还说："如果我只将公司的核心人才带走，很快我便能再建起一个微软。"所以，微软的核心竞争力不是技术，不是创新，更不是战略和管理，而是人才。但是，人力资源虽然重要，在现在竞争日益激烈的情况下，不能为企业创造价值，就会被边缘化、空心化以及低价值化。而要创造价值，首先就要了解为企业创造价值的价值链。

简单来说，价值链就是企业在创造利润过程中，所需各种商业活动的环节。比如你要开一家酒店，要选址，要选定原材料供应厂家，要选购设备，要对店面进行装修，还要在开业后进行菜品推广、对员工进行培训等，这些都是价值链上的一环。

在这些价值链的不同环节，只要能够采取不同策略，形成不同模式，最终就能帮助企业盈利。

就拿两个咖啡店星巴克和漫咖啡来说吧。星巴克选址都在流量密集地段，店面较小，翻台率非常高；漫咖啡则不强调地段，而是在店面上更注重面积大，以提供更多的座位，翻台率虽然不高，但去漫咖啡的人却能享受到安逸、静谧的环境。两种模式虽然在成本收益、流转率上有差别，但最终都有利润可赚。

在价值链环节，HRBP还需要做好以下三点。

图2-7　HRBP在价值链环节需要做好的三点

■ 价值链管理

HRBP要针对价值链进行管理，并以帮助企业盈利为基础，协助直线经理制订最为合理的策略与模式。而在管理时，就要了解价值链管理上的三个环节。

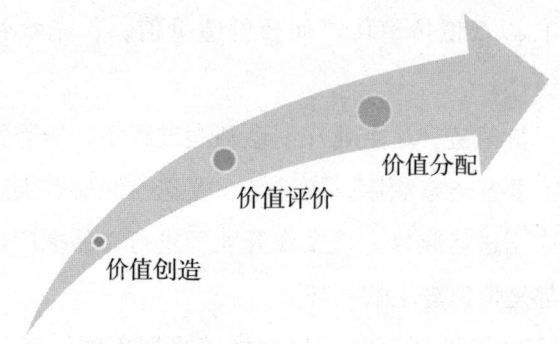

图2-8　价值链管理上的三个环节

1. 价值创造

价值创造强调的是创造要素的吸纳与开发，而高新技术人才、企业家以及员工，都是企业价值的创造者，尤其高新技术人才和企业家，虽然在企业中的占比很低，可为企业带来的价值中，绝大部分都是这少部分人在创造。因此，HRBP就要注重为企业吸纳一流的高新技术人才，当然，也要注重开发并提升员工的潜能。

2. 价值评价

价值评价强调的是建立科学的价值评价考核体系，以对个性特质、职业行为能力以及关键业绩指标等进行评价和考核。

对个性特质进行评价，就是评价员工是否具备工作要求的特质。比如销售岗位，就要求员工沟通能力强、思维敏捷、抗压能力强等。企业内部针对不同的岗位要求有不同的素质模型，HRBP就要在此模型基础上，建立相应的测评体系，以对员工进行测评，判定其是不是符合这一工作、职务。

以DISC个性测验工具来说，它是一个非常流行且简便的人格测验工具。它能够将人格分为支配型、交际型、稳妥型和服从型，每个类型还有六个不同的亚型分支。这就分得非常细了，因此，对每种人的特征、团队价值以及适合的工作环境等，都给出了详细的说明。

这一测验工具无疑给个性特质评价提供了依据。

职业行为能力评价是评价员工对自己的工作、所从事的职务能不能胜任。在评价前，首先要对各职务进行全面衡量，对各职务给出角色定位和价值要求，以制订职务的行为能力标准。比如对招聘工程师的能力标准要求：能对人力资源需求进行调查，能通过收集、分析相关资料制订人员需求方案；能策划并实施招聘活动；熟悉人员甄选、面试流程；熟悉劳动法、合同法等法律法规；对应聘人员的分流、安置等工作能妥善处理等。有了这个标准，就能衡量在这一职务上的人有没有资格胜任了。

关键业绩指标考核，就是考核员工在某一段时间内，对工作要求的关键业绩指标完成的情况。这一考核指标可不是凭空想出来的，而是在经过对企业成功关键要素及重点业务进行分析、研究后确定下来的，且先确定关键业绩指标项目，比如是产品品种，还是产品推向市场的速度，抑或是市场份额占有率以及营销网络铺设等。在确定关键业绩指标项目后，就下达到每个员工，并集中力量争取项目最终落实。

3．价值分配

价值分配包含的内容就多了，工资、奖金、分红、股权等都是；此外，诸如信息、机会、培训等，也属于价值分配范畴。工资、奖金、分红等属于薪酬体系的一部分，而这部分也是体现价值分配的重要一环，甚至关乎着企业的生死存亡。

比如曾经甚嚣尘上的真功夫"老大"之争，就是因为股权分配存在很大问题所致。公司创立者的"小舅子"和帮助公司不断壮大的"姐夫"两者的股权竟然"五五分"，双方各占50%股份，这一股权分配法就很容易产生谁也不服谁的问题，谁也没有绝对控股权。所以才出现了作为创始人的董事长的位置被挤掉，"姐夫"继任董事长，接着"小舅子"又各方找证据，将继任董事长的"姐夫"送进了监狱，继而出任董事长职位。

在薪酬体系这一环节中，HRBP就要能亮出真刀真枪的真本事，制订出让从上到下的各层职员都能信服的一套薪酬体系来。

价值链管理，对HR来说，可能相对比较容易，因为它在HR的专业范畴内。但是对于HRBP来说，想要帮助企业创造价值，就要从全局的角度、从细枝末节上去全面考量。

就拿浙江的中小企业来说吧。浙江有太多的中小企业，但是这些企业的HR部门成员仅承担了招聘、培训等职能，他们对自己所在企业的产品特征、性能、销售渠道、市场竞争力等完全不了解，更不懂产供销是怎么衔接的。由此，HR人员与业务之间，不仅经常会因为一些问题"费口舌""闹矛盾"，还很难给企业创造价值。

■ 价值链分析

价值链分析就是将企业的各项活动加以分解，通过考察这些活动本身及其相互间的联系，来找出企业创造的竞争优势所在。对企业价值链进行分析，就能找出各项活动所占成本各为多少，增长速度快还是慢，创造利润的新增长点在哪里。这样就能识别出占成本比较小、增长速度快、可能会改变成本结构的活动了。而通过分析，就能在价值链系统中寻找降低成本的信息、机会和方法。

并不是每个环节都能创造价值，而是由某些特定活动创造的价值，也就是真正创造价值的经营活动，同时也是价值链上的"战略环节"。而企业的竞争优势，其实就是价值链上某些特定的"战略环节"的优势。

比如互联网人经常会说到"降维"，其实就是将产品的流通成本缩减到极限，甚至为零；让产品生产中的边际成本为零，让用户获取渠道成本为零。当这些变动的成本清零后，产品的价格也可能清零，这就创造了竞争优势。敢问谁的产品价格敢为零？腾讯公司就是其中之一！通过QQ、微信完成流量资本的原始积累后，实现了增值服务和广告这一新节点上的盈利模式，并逐渐成长为网络帝国。

价值链分析法有多种，比如波特价值链分析模型就是其中一种。它是由美国哈佛商学院著名战略学家迈克尔·波特提出的，通过这种方法的分析，就能够确定核心竞争力，并指导企业关注和培养核心竞争力，以形成和巩固企业在行业内的竞争优势。

■ 价值链优化

通过对价值链进行分析之后，接下来就可以针对价值链进行优化，可以从以下几方面入手：

一是在价值链分析基础上去掉或改善不能增值的经营活动；

二是简化作业流程，提升作业效率；

三是消除影响信息传递的环节和障碍；

四是对简化后的流程进行整合。

说白了，对价值链优化，无非就是为了节约成本、发现新的价值创造环节。就拿电商来说吧，电商在价格方面存在很大的优势，所以销量要比一般的实体店好很多，主要就是因为它缩减了商品流通环节，节约了成本。

合格的HRBP要懂运营

传统的HR习惯上面分配什么就去做什么，至于为什么要做这个工作，做这个工作能够帮助公司实现什么，他们不会去深究；还有一些就是在HR模块的状态下工作，超出模块的一概不闻不问，而且做过之后到底会产生什么样的结果，对公司业绩有没有帮助，HR也是不去管的。也因此，不少公司开始思考一个问题：HR到底该不该要？

之所以会让公司产生这样的疑问，就是因为HR没有将公司的业务成长、公司的利润增长作为自身工作的基础。因此，现今的HR才迫切需要向HRBP进阶，在考虑如何帮助公司实现业绩增长的基础上工作，了解公司是怎么赚钱的，公司赚钱的逻辑是什么，有哪些经营活动让公司赚了钱，有哪些经营活动提升了公司的核心竞争力……换句话说就是，HRBP要懂运营！

那什么是运营呢？下面我们以一个案例来说明。

某公司发明了一个技术含量特别高的项目，能够对癌症早期进行筛查，操作非常简单，只要对尿液进行检测就能知道被测者是不是存在早期癌症。可以说，在癌症高发的现状下，这个项目非常好。事实也证明，招商情况非常好，刚刚启动，就有了几亿元的订单量。

这么好的项目，或许你会说自己根本就不知道啊。没错，这么好的项目到现在业务量也没有跟上来。为什么？就是因为运营！产品到了经销商的手中，但却没能被消费者广泛使用。

让公司盈利，其核心就是动销，就是让商品、服务等动起来，让用户使用，而这正是对运营最好的诠释。

有些人可能人力资源和运营做得都非常好，比如阿里巴巴的彭磊。这是因为他从阿里巴巴创业一开始就在，从公司最初的不规范，到后来公司迅速壮大后的规范化，他是一步步看着过来的，所以，他对人力资源的理解是不一样的，完全不是传统HR那般，而是更贴近懂运营的HRBP。

那么，怎么样才算懂运营呢？这里就有四个问题需要HRBP去了解，也是运营的四个核心要素。

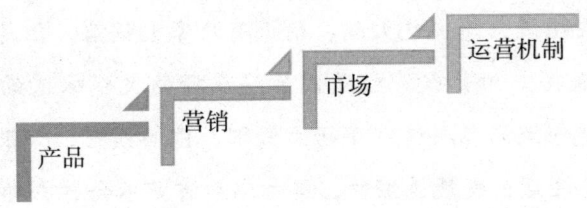

图2-9　运营的四个核心要素

■ 产品

做公司，产品肯定是第一位的，当然，这个产品可以是有形的产品，也可以是无形的服务。因此，想要公司盈利，首先就得让自己的产品够厉害。比如饭店要把饭做好吃，酒店要让客人居住得舒服，软件要让人用得便捷、舒服……

打造让消费者信赖、认可的产品，这是运营的第一步。不管你打算创建什么品牌，打造什么样的商业帝国，首先都要有产品，否则你的品牌、你的商业帝国等，都是一句空话。

比如苹果公司的产品。之所以苹果公司的产品能够一直保持很高的销量，就是因为他们精益于产品，从iPod，到iPhone手机，再到苹果笔记本电脑，无疑，产品就是苹果的核心竞争力。虽然乔布斯去世了，但是苹果的迭代速度并没有随之而去，这也是苹果产品多年来能够一直领跑的原因。

再有网上购物。比如你想在某电商平台上买个键盘，你首先会看客户评论，尤其是看差评和中评的原因到底是什么。是因为产品质量，还是因为物流？如果是因为产品质量问题，你此时是不是就会有些犹豫，而转去看另一家的产品了？但如果产品质量没问题，更多的是吐槽物流等方面，那也许你还是会留下来继续考虑下单。

其实，不仅是电商平台，就是实体店，你也要多方咨询后才会下手。比如你去吃饭，想去吃火锅，附近有几家火锅店，但是最后思来想去还是去海底捞。为什么？就是因为海底捞的火锅味道的确够棒，当然，服务也是一流的。再者，市场上假烟、假酒横行，如果你去一家烟酒专销店买来之后，发现是假的，那你以后肯定不会再去那家店买了。

这就是产品的魅力。产品魅力的产生离不开公司研发人员的研制。他们首先要在设计上下功夫，争取做到让消费者非常满意；在生产线的打造上也要下功夫，既要帮助公司节约成本，又能保证生产效率。而HRBP就要去了解他们的研发过程、生产过程，进而制订出最为适合他们的薪酬和奖励政策。此外，还要设计一套薪酬激励方案，这套方案要根据产品的实际销售情况来制订，而不像原来那样，不管产品卖不卖得出去，研发人员都一样能够拿到相应的奖金。有这样一套薪酬激励方案，研发人员才不会懈怠，才会打造出更牛的产品。

■ 营销

一个公司仅有研发人员研制出的产品，却没有一个好的营销体系，你的产品即便再牛，也难以见到良好的业绩，毕竟产品卖不出去，一切都为零。就像前面说过的癌症早期筛查项目，产品非常好，就是因为没有一个好的营销体系，让产品迟迟无法发挥它的作用，没有为公司盈利。

公司的生存与现金流有着密切的关系，公司老板都非常重视营销，就是因为营销能够将产品卖出去，换钱回来。一家公司处于亏损状态不要紧，因为只要有现金流就没关系；但一旦现金流断了，也就是大家常说的资金链断了，那公司就很难维持下去，因为一些固定的支出，比如房租、工资、员工保险等，都在考验现金流的能力。

因此，HRBP就要通过进行优秀销售人才的选聘、选拔，设计针对性的销售激励政策等，将销售人员激活，让他们能够积极为公司创造更多的价值。

■ 市场

市场其实就是品牌管理。什么是品牌管理？举个例子你就明白了：你想喝饮料，面前有可口可乐公司的雪碧，还有其他公司的不知名的饮料，你会选哪个？肯定是雪碧对不对？为什么要选它呢？因为那句"透心凉，心飞扬"的雪碧广告早已经深植于你心中了，而另一个不知名的饮料你从来不曾听说过。这就是市场。

市场通过品牌的方式增加了大众对产品的认知度。当然，随着互联网的发展，现在开拓市场，除了用这种传统的方式做广告以外，通过互联网的粉丝加以传播，也是一种市场营销活动。但是该如何构建一个好的市场，如何激励市场人员积极通过口口相传宣传你的产品，这就是HRBP要思考的运营问题了。

■ 运营机制

很多公司产品不错，销售力度也可观，但最终就是一直在赔钱，业绩迟迟上不去，原因就在于运营机制出了问题。

比如有家公司产品原本很不错，连续半年时间都居于销量榜首，但是在接下来的半年内，销量就急剧下降了，这让公司高层很是挠头。公司HRBP通过深入调查后发现，问题出在研发团队上。

研发团队由6个人组成，每个人都按部就班，早上来上班，晚上到点下班。但在上班时间段内，6个人基本上都是各干各的，相互间几乎零沟通，虽然都在研究产品，但是并没有将想法拿出来大家交流，更没有在产品上有所创新。于是HRBP向高层反映，并建议高层创立一个平台，让这些研发人员每天都要在上面讨论、交流。如此通过集思广益，没过多久，产品在原来的基础上又加以创新，重新又具备竞争力了。

　　苹果产品的成功与其不断地更新迭代有着很大关系，而更新迭代就意味着创新。当今社会发展的速度非常快，产品也是日新月异，如果一种产品始终都没有创新，那就慢慢失去了其原有的竞争力。案例中的研发人员没能将大家的力量汇聚在一起，没有发挥1+1>2的力量，致使产品迭代滞后，所以才出现销量急剧下滑的现象。这就是运营机制出现问题的表现，本来公司优质产品面世了，但是后期机制没跟上，没有及时要求研发人员对产品进行更新换代，由此就出现了断层现象。

　　还有很多公司的市场营销人员变成了宣传人员，没能真正在业绩上体现出自己的价值来，其很大一部分原因也是缺少运营机制。

　　比如一家黄金首饰公司的销售业绩迟迟上不去，几十个人每个月连500万元的业绩都达不到。公司高层非常生气，派出HRBP深入调查原因。后来发现是因为销售人员活力不足，且缺乏激励措施。于是HRBP就与业务经理一起制订了一套竞争机制，对整个销售部门去行政化，将业务单元缩小，让所有销售人员组成一个个的小团队，并给每个小团队制订了月度目标，然后让各个团队去竞争，最终根据竞争结果给出不同的奖励。这套机制非常有效，接下来的一个月，每个团队都超额完成了任务。

　　当然，运营机制的完善还要绩效管理跟上。比如关键绩效指标（Key Performance Indicators，KPI）。KPI可以说是很有效的一个工具，因为它可以让HRBP清楚每一个业务部门的职能到底是什么，到底要负哪些责任。但是KPI的设置，也需要一个机制：目标该怎么订？目标的实施采取哪些措施？目标达成后如何评定？业绩好的人怎么奖励，业绩不好的人怎么激励？这就需要HRBP来构建了。比如上例中的竞争机制，如果单纯分小团队进行竞争，没有任何的激励措施，最终估计不会有什么效果；但是通过激励措施，这些小团队就会你追我赶，谁也不甘落后了。

了解了以上运营的四个核心要素，想必大家对运营也有了一定的了解。不过单是了解还不够，还需要在之后的工作中，多深入事业部，了解各个事业部在运营方面所存在的问题，并给出相应的解决方案。

HRBP要了解一定的营销知识

前面我们说过了，营销在企业当中发挥着非常关键的作用：产品生产出来后，只有通过营销才能变现为支撑企业生存发展的资金；如果营销做不到位，即使再好的产品也难以被人所接受。而HRBP想要与各事业部合作顺利，就得掌握一定的营销知识。

营销知识固然如大海一般磅礴，而作为外行人的HRBP不用样样都了解，主要掌握营销的以下三个关键点就可以。

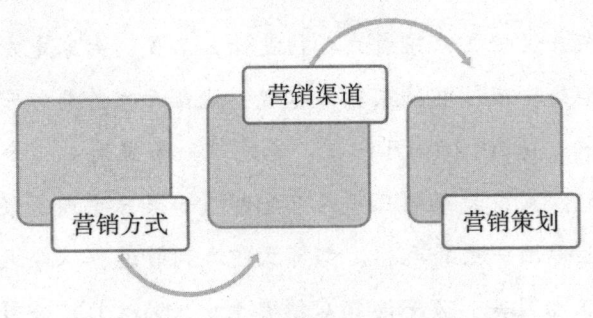

图2-10 营销的三个关键点

■ 营销方式

营销方式也就是营销过程中使用的方法，其中包括网络营销、服务营销、体验营销、会员营销、知识营销、情感营销，甚至是病毒营销、饥饿营销等，非常多。虽然看似这些营销方式都是一线营销人员为了提升销售业绩需要掌握的方法技巧，但是HRBP也要了解。为什么？虽然公司销售做得如火如荼，但整个公司就是不盈利，这里面肯定有各方面的问题，同时也可能有销售的问题。

我们就以网络营销为例吧。网络营销目前可谓是最有"钱途"的一种营销活动了，它以实际经营为背景，以网络营销实践为应用基础，从而促成了销售目的。

其实，早在互联网还不是很普及的时候，奥巴马就已经借助它成功登上了总统的宝座。为此，谷歌前CEO埃里克就说过："能够发挥互联网全部潜力的候选人，将会在下一次总统大选中脱颖而出。"果然，奥巴马在竞选过程中，将互联网用到了极致：个人空间、视频、社区、搜索引擎、电子邮件等，当时互联网传播能用到的，他都用了。当然，他的成功也完全印证了网络营销的强大力量。

当然，除了奥巴马，现在很多的大型企业都有依靠网络营销的经历。

就拿京东来说吧。京东成立之初没什么名气，大家电龙头有苏宁、国美两家大企业。不过刘强东非常睿智，就在面临着与苏宁的一场"大战"前夕，这天是2012年8月15日，他发了一条微博："今天，我再次做出一个决定：京东大家电三年内零毛利！如果三年内，任何采销人员在大家电加上哪怕一元的毛利，都将立即遭到辞退！从今天起，京东所有大家电保证比国美、苏宁连锁店便宜至少10%以上，公司很快公布实施方法。"

就因为这条微博，当天就给京东带来了2亿元的销售额以及大幅提升的流量。这还没完，在接下来的一周里，各大门户网站、电视台、杂志等都争着报道这件事，其广告价值远超10亿元。从此大家便知道了京东，同时也帮助京东一步步稳健地走向了电商帝国。

京东的这一销售方式虽然属于网络营销，但同时也可以称为微博营销，是通过微博平台为商家、个人等创造价值的一种营销方式。微博营销是借助粉丝效应，将每一个粉丝都作为营销对象，来发布企业信息、产品信息，从而达到营销的目的。不过总的来说，还是属于网络营销的范畴。

奥巴马成功通过网络营销让自己成了总统，刘强东通过网络营销让京东被大家熟知，他们都成功了，当然，更为重要的还是他们选择了有效的营销方式。可以说，他们无论是在竞选中，还是在为自己的品牌做广告时，都基本上没有花费太多，尤其是刘强东，一篇微博的广告效应相当于10亿元以上的广告费，而由此带来的销售额就更不用说了。

在营销环节，是通过传统的电视等媒体做广告，还是采取低成本的网络营销？在营销方式出现失误的时候，该如何帮助营销部门扭转过来？新产品生产出来了，是建议公司做实体销售，还是线上线下同时展开？实体销售时，该做哪些人员配备的工作？线上线下同时展开时，需要做哪些人力资源方面的工作？企业都是有预算的，如何在控制成本的前提下，为企业盈利，这就是HRBP应该思考的问题了。

■ 营销渠道

所谓营销渠道，就是产品或服务从生产者向消费者转移的具体通道或路径。比如传统的销售渠道有直销和分销两种。

直销就是渠道两端是生产者和消费者，没有中间商，属于零渠道，比如风靡一时的安利，就是直销的方式；分销是下设中间商，同时根据中间商的数量的不同，还有一级、二级、三级等多级渠道。

直销省却了中间商环节,压低了成本,所以产品价格一般较低。比如网店中,很大一部分都是直接生产,然后在网上销售,所以网上的产品相对都比较便宜。

分销因为中间多了分销商,且每一级分销商都要从中赚钱,否则他分销的意义就不存在了。因此,产品从厂家再到消费者手中时,价格无疑会被提高。

当然,如今是互联网时代,网络无所不能,随着网络营销的诞生与发展,互联网营销渠道也是越来越多。比如微信营销、公众号营销、搜索引擎营销(SEM)等。

就拿杜蕾斯来说吧,其借势营销的本事可谓无人能赶超,不仅能紧紧抓住爆炸性新闻的热点,就连春晚节目他们也会充分利用。春节晚会上潘长江和蔡明的小品《学车》,里面有一句台词是这样的:"我女人的安全用不着别的男人负责!"这个小品播出后没几分钟,杜蕾斯官方微博马上就发布了两条信息。其中一条是:

图2-11　杜蕾斯借势小品《学车》1

对于安全套的宣传，这句台词可谓借得精巧。

而第二条信息则是借势了小品中有关道路交通安全的台词内容，让用户再一次关注了杜蕾斯的安全套。

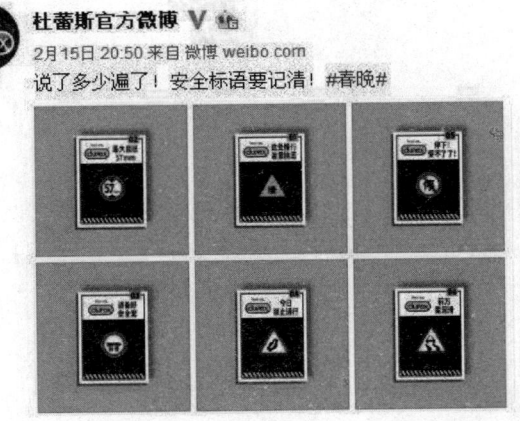

图2-12　杜蕾斯借势小品《学车》2

这是一个非常成功的借势"娱乐事件"营销的企业，不花一分一毫，靠着别人的事件成就自己的业绩，是不是很高明的营销渠道和手段？

而HRBP在帮助企业控制成本、提升效益的时候，是不是也能够看到这些"无声胜有声"的零成本销售渠道呢？

■ 营销策划

营销策划在整个营销过程中更需要一定的智慧和策略，是在科学方式与创新思维的引导下，真正改变企业现状，达到理想目标的一种理性思维活动。

营销策划让企业营销活动的目的更为明确，且能提升企业营销活动的针对性、计划性，避免了主观随意性；同时，营销策划还实现了企业营销活动的个性化和差异化，提升了产品竞争力和营销效益。

营销策划包括以下四个方面的内容。

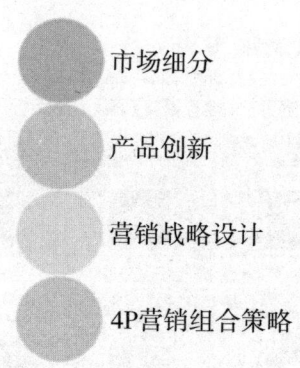

图2-13　营销策划的内容

注：4P营销组合策略即产品（Product）、价格（Price）、渠道（Place）、宣传（Promotion）和策略（Strategy），所以又简称为"4P's"。

以上四个方面的内容，也让营销策划在制订中不得不重视两个步骤：一是对营销环境进行分析；二是对营销策略进行设计。

营销环境分析是为营销策略打基础的，因为只有对营销环境有深入且准确的分析，企业才能了解到营销的现状以及存在的机遇和挑战，此时才能敲定营销策略。

营销策略的设计是整个营销策划的主体，从产品的创意、制造乃至售后服务等的各个环节，都包括在其中，当然，涉及营销活动的产品策略、定价策略以及促销策略等，更是不能少了。

说了半天，营销策划到底有哪些具体的方法呢？下面就来为大家介绍两种。

1. 点子

点子就是一些很妙且比较有效的销售方法，当然这个点子可不是一拍脑袋就能想出来的，而是有着非常丰富的市场营销经验的营销人员，在经过深思熟虑后制订出来的、有具体实施方案的销售方法。

2．创意

现在什么都强调创新、创意，营销策划也少不了创意。但创意也不是随便来的，一定要有市场调研和市场策略，一句话，就是要熟悉市场，才能有意识地运用新方法替代老旧的不被用户认可的东西。

HRBP需要在对市场以及销售有一定了解的基础上，协助直线经理辨别这些方法的可行性。比如是不是在成本控制的范围内，是不是可以用最少的人就能获取最大的收益等。

HRBP要懂互联网思维

在（移动）"互联网+"、大数据、云计算等科技不断发展的背景下，互联网思维诞生了，它是对市场、用户、产品、企业价值链乃至整个商业生态重新进行审视的思考方式。

百度公司的创始人李彦宏曾说，企业家今后都要有互联网思维，哪怕从事的事业不是互联网，但是思维方式依然要逐渐向互联网的角度去思考。而事实上，几年过去了，互联网思维不仅被企业家认可，各行各业、各个领域也都认可了。

互联网的思考方式，不只是针对互联网产品、互联网企业，也就是说不是单纯指桌面互联网或移动互联网，因为互联网的形态会跨越各种终端设备，主动融合实体产业。由此，也让互联网思维具备了以下几大特征。

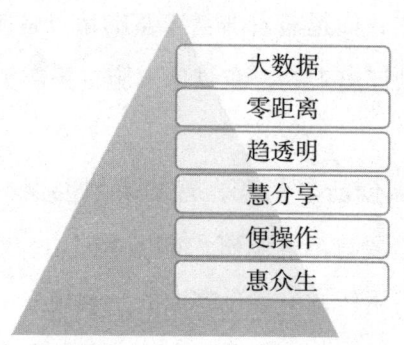

图2-14 互联网思维的特征

随着互联网走向更深更广的应用空间，需要与业务打成一片的HRBP，更要懂互联网思维，否则最终只能面临被淘汰的命运。

那么，到底什么才是互联网思维呢？HRBP又要学习哪些呢？下面我们就来看一下。

■ 用户思维

互联网思维中最重要的一个是用户思维，就是一切都要以用户为中心，当然这个"一切"指的是价值链的各个环节。只有深度理解用户，建立"以用户为中心"的企业文化，才能让产品被用户认可。

雕爷牛腩，虽然创始人没有一点儿餐饮行业经验，但仅仅两个月，就被估值4亿元人民币，靠的就是用户思维。配方是香港食神戴龙牛腩的配方；餐具是专门定制的、全新的，用过可以带回家继续使用。一切就绪后，先不开业，而是通过1000万的封测，邀请各路明星、达人以及微博大号免费试吃。店老板每天花费最多的时间，就是听针对菜品和服务不满的声音……

不过想要抓住用户，还要注意以下几点。

1．要抓住骨子里自认为自己是"高富帅""白富美"的"草根一族"，让你的产品成为他们的一部分

纵观腾讯、百度、小米、淘宝等，没有一个不是靠"草根一族"成就伟业的。而雕爷牛腩，之所以在开业前会邀请各路明星、达人、微博大号去试吃，还不是因为他们每个人都自带流量，有着大量的粉丝？

2．要让用户有强烈的参与感

创业仅三年，第一年销售额达到5亿元，第二年销售额达到126亿元，第三年半年销售额就达到132.7亿元、预计全年突破300亿元的小米，创始人雷军说参与感是小米成功的最大秘密。比如小米当时的三个战略和三个战术中的"做粉丝""开放参与节点""设计互动方式"等，都体现了参与感。而小米手机也是当时大家都争相购买的产品。

参与感还有根据用户的喜好去研制产品的意思，就是提供能够满足用户个性化需求的产品。比如海尔有定制化冰箱。

3．让用户参与到品牌传播中，这也是大家熟知的粉丝效应

粉丝可谓是最为优质的目标用户，他们不但会购买产品，同时还会不断向周围的人为产品做宣传。就像雕爷牛腩，让明星、达人等试吃之后，他们的粉丝肯定也会去追逐。这就是用户的品牌传播。

4．体验至上

无论是有形产品还是无形产品，都要经过用户的体验后才能给出评价，如果你的产品注重每一个细节，且能够让用户感知到，超出他们的预期，这样的产品自然会被用户喜欢。

三只松鼠上线仅65天，就创下了中国网络坚果销售第一的佳绩，2012年"双十一"当天更是创下了日销售额766万元的销售奇迹，而上线一年多的累计销售额超过了亿元。为什么一个小小的坚果品牌会创下如此佳绩？来看看三只松鼠的细节打造：快递包裹带有品牌卡通形象，

赠送开果器，包装袋带品牌形象且高端大气，赠送封口夹、垃圾袋、卡通钥匙链、湿巾，同时还有传递品牌理念的微杂志。哪家厂商能够在每个细节都想得这么周到？想到了就赚到了！

■ 简约思维

互联网时代，你不要想着挑战用户的耐心，想要做到这点，首先自身就要做到简约。

你们知道现在火得一塌糊涂的苹果公司曾经也有要破产的时候吗？那是1997年，苹果公司眼看就要破产了，乔布斯此时恰到好处地回来了。他大刀阔斧地砍掉了70%的生产线，只留下了四款产品，接着，苹果公司就焕然新生了。

苹果公司是从产品的种类上做到了简约，让大家拿到的每一款苹果产品都非常精致。而产品自身也要做到简约。

图2-15 产品自身的简约要素

产品设计简单，是现今的潮流趋势，大家都喜欢一些简单但实用的东西。比如名创优品等店中的产品，没有华丽的外表，但是简单的设计就是被人们爱不释手。

产品能够直戳用户痛点，找到用户最迫切想要满足的需求，其中之一就是功能单一，或者突出某一功能。比如vivo手机，突出的就是拍摄效果。

有形产品和无形产品都要好用，有形产品要简单易操作，无形产品则在体验时不要过于烦琐。

■ 极致思维

想要做出简约还能直戳用户痛点的产品，就要将产品做到极致，不管是产品、服务还是用户体验，都要做到极致。

极致首先要专注。现在都提倡匠人精神，其精髓就是专注，将所有的精力专注于一件事上。

日本熊野町出产的化妆刷就是这样。熊野町本是一个无名的日本小镇，但是却出了晃祐堂KOYUDO、竹宝堂等化妆刷界的明星产品。原因就是他们有专注的匠人精神。对毛刷的毛，他们首先会选取优质的动物毛料，然后对每根毛料加以剪裁，接着再反复检查，去掉其中的杂物等。将这样专注的精神倾注其中，自然能生产出高质量的化妆刷。

其次要打造尖叫产品。尖叫产品也就是超出用户想象的产品。不过想要达到这种层级，还需要做到三点：切实抓到用户的痛点、兴奋点；把自己的能力逼到极限；选一个"精细严密"的产品经理。

最后要有精致的服务。

海底捞的火锅，除了味道不错外，更重要的就是服务了：亲切的话语；给每一位长发女生精心准备了一条皮筋；帮顾客整理外套；手机没电了，店里没有充电器，店员马上到外面现买一个；一个人落座海底捞，店员马上抱来一只系围裙的大熊放在对面的座位上……精致的服务成了海底捞的特色，让海底捞的生意火爆到不可思议。

■ 迭代思维

如今研发速度飞快，如果你的产品迭代更新速度跟不上，那你的产品就将被淘汰。就像苹果公司，在"起死回生"之后，产品不断地迭代更新，每次迭代都受到一大批新老用户的支持。

迭代更新要追求两个字："小"和"快"。

小，就是在细微处下功夫。从用户的角度入手产品，几乎被所有商家领悟，但为什么有的商家赢了，有的商家还是败了呢？这里就看你是不是已经深入到用户最细微的心理需求了。用户参与、用户体验自然有利于产品的推广，但真正能抓住用户心的产品才是最后的大赢家。

快，就是敏捷快速。面对不断变换的用户需求，你需要敏捷地发现，且快速做出反应。

■ 流量思维

在互联网思维下，流量可不仅仅是你用来聊天、玩游戏的手机流量，而是金钱、入口。

积累流量，免费就是最好的招牌。就像前面说到的腾讯，在累积了大量的流量之后，就拥有了大量的广告商以及其他一些功能性产品。360安全卫士也是一样，以免费杀入市场，让几乎所有人都安装了360的软件。

当然，免费要视每家企业的情况而定，并不是所有企业都适合这样做，还要看产品、资源和时机。

积累流量也要坚持，一天两天的积累自然成不了大气候，只有当用户活跃度达到一定程度时，才会让流量成为入口，带来商机和价值。就像腾讯QQ一样，经过多年的免费"沉积"之后才有了现今的腾讯帝国。

■ 大数据思维

大数据思维，顾名思义，就是对大数据的认识，是对企业资产、核心竞争力的理解。

在用户不断积累的网络上，会产生信息、行为、关系三个层面的数据，有了这些数据，就能帮助企业进行预测和决策。所以，企业不在大小，关键要构建自己的大数据平台。

在互联网思维下，你要知道，你的用户是每个人，这样在企业做营销策略的时候，才更有针对性地对用户进行个性化的精准营销。

■ 平台思维

平台对互联网非常重要，这也成就了互联网平台的开放、共享、共赢思维。各大电商平台，比如京东、淘宝、苏宁等；搜索平台，比如百度等；社交平台，比如腾讯等。且不少企业的收入都来自平台商业模式，比如苹果、谷歌等就是如此。

平台思维旨在打造一个多主体共赢互利的生态圈，要善于利用现有的平台，因为后来者想要挑战这些平台，没有真枪实弹，很难撼动。

除了一些平台的搭建以外，在企业内部也要善于打造平台型组织。比如阿里巴巴有25个事业部，腾讯有6个事业群，海尔更是将8万多人分成了2000多个自主经营体，真正发挥内部组织的平台化作用，让员工做"创业者"，让企业的每个人都成为CEO。

■ 跨界思维

互联网的强大之处就在于它无孔不入，吃喝住行，没有什么是互联网不能涉及的。有了互联网，就掌握了用户数据，同时又具备用户思维，因此，现在你的主业可能是手机，但是因为有大量的用户数据在手，你也可能会渗入到电视界，渗入到金融界。这就是借助互联网思维做颠覆性的创新。所以，未来厉害的企业，一定是拥有用户数据且敢于跨界创新的企业。

以上说了这么多互联网思维，HRBP不但要了解，同时还要懂得随着这些思维的渗入，从企业盈利的角度出发，不断地调整和完善人力资源的各项制度。

第三章
主动参与,不做业务部门的"门外汉"

一个优秀的HRBP,除了是HR方面的专业人士外,还必须是一名合格的业务人员,这就要求HRBP必须主动深入到业务中去,熟悉业务流程,熟知业务人员的工作方式,能够用专业语言回答业务部门提出的问题,以有效帮助业务部门解决问题。

分析行业发展趋势

HRBP要想为企业创造价值,了解企业所属行业在未来的发展趋势是前提,因为行业的发展势必会影响到企业的发展。如果不能对行业的发展有个大致的分析、了解,就很难协助直线经理制订出能够提升利润的方案,同时也很难给予高层领导建设性的参考意见。所以,了解行业的发展趋势是HRBP必备的能力。

那么,怎么才能清晰把握行业的发展趋势呢?HRBP还要掌握以下几点。

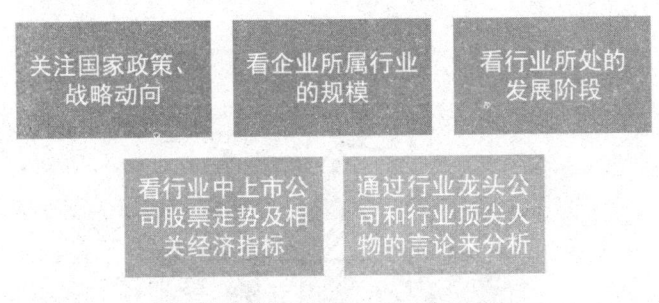

图3-1 清晰把握行业发展趋势的要点

■ 关注国家政策、战略动向

行业所处的大环境,必定离不开国家的政策大方向。中国受政策驱动的行业有很多,而且很多行业都是在政府的推动下不断发展壮大起来的。比如在新能源方面,国家就是大力支持的,所以新能源企业就面临着较好的发展阶段。

关注国家政策大方向以及战略动向，平时就要多关注国家发展改革委员会官网、国家产业政策网站以及人民网、各大财经网站等，通过这些网站可以了解很多国家相关的产业政策。

■ 看企业所属行业的规模

对一个行业的关注，一定要思考这个行业的规模。行业圈子越大，说明这个行业能够无限深入扩张，而我们的选择机会就越多，这个行业也有更多的发展机会。如果行业圈子太小，行业不能深入扩张，在这种情况下，一旦离开某家公司或者某个地区，我们的选择机会就会变得很少。

如何来判断一个行业的规模呢？不妨看看这个行业所服务的用户，看他们是属于大众用户，还是某一类特殊的用户。比如说手机生产厂家，所服务的用户肯定是大众；但针对有视力残疾的人、聋哑人的一些服务，面对的就是一类特殊的用户。

判断一个行业的规模，还可以通过这个行业的地域限制情况进行分析，看这个行业有没有地域限制。比如在一线城市打拼多年的人，在离开一线城市后，回到三四线城市，甚至更边际的城市，发展的机会就会变得很少，因为在那里绝大多数都是进行农业的发展。

判断一个行业的规模，还可以看这个行业的产值规模。对于行业的产值规模，相关机构一般都会公布官方的数据。

■ 看行业所处的发展阶段

绝大多数的行业都要经历初创起步期、快速成长期、繁荣鼎盛期、稳定发展期以及衰落期，很少有行业能够一跃到顶峰，也很少有行业可以保持长久不衰的态势。快速成长期以及繁荣鼎盛期是行业发展中的黄金时期。比如移动互联网行业，现在就正处于快速成长期，而PC互联网则处于繁荣期以及稳定期。所以，作为HRBP，如果你所在企业的所属行业正好属于PC互联网行业，那么你是不是要通过一定的策略、方案，帮助企业由PC互联网逐渐向移动互联网行业靠拢呢？

■ 看行业中上市公司股票走势及相关经济指标

一个行业景不景气，股价就是其先行指标，所以，看一个行业的未来走势，只要看看行业中上市公司的股票股价走势就行了。

股价的走势和相关经济指标，可以通过一些炒股的软件和国家统计局官网查到，经济指标有时候也能反映行业是不是景气。当然，并不是所有的行业都可以，还要分行业来看。比如通过美元指数的走势，可以看出有色金属行业未来的发展趋势；通过发电量的变化，可以从一定程度上看出制造业的发展趋势；房屋销售量的相关数据，则可以反映出家居装饰、建筑建材等行业的发展趋势。

■ 通过行业龙头公司和行业顶尖人物的言论来分析

分析一个行业的未来发展趋势，还要看清这个行业的"龙头老大"都有哪些，这些龙头企业中又有哪些"龙头人物"。这些"龙头人物"

在行业中具备一定的话语权，他们的一言一行往往就代表了这一行业的发展趋势。所以平时通过演讲、微博、博客等对他们多加关注，就可以帮助我们对这一行业加以分析。

比如在电子商务领域，那自然少不了BAT（也就是百度、阿里巴巴、腾讯），还有小米等"龙头公司"，那么其中的关键人物，李彦宏、马云、马化腾、雷军的言论，就反映了他们的一些关注点，而这些关注点，自然是有关电子商务未来的发展趋势与方向。之前很长一段时间，这些教父级的人物，都在大谈移动互联网，紧接着移动互联网就以火箭般的速度进入了人们的生活。

再比如百度CEO李彦宏在2017年的一次大会演讲中说，中国互联网网民的成长速度要比中国GDP的成长速度慢，这样的情形说明互联网没有人口红利，而人工智能则将成为数字经济发展的主要动力。那么，这句话中是不是透露出了一些什么信息呢？

当然，并不是说有了这几条途径，就能够对行业趋势的把握、分析十拿九稳，还需要我们在日常工作中不断探索、不断发现。

熟悉企业的商业模式

管理学大师彼得·德鲁克曾说过，21世纪企业间的竞争，不再是产品、价格与服务之间的竞争，而是商业模式之间的竞争。MBA、EMBA等主流商业管理课程，都对商业模式给予了一定程度的关注，因为大家都非常清楚：有了一个好的商业模式，企业就有了一半的成功保证。

商业模式，说白了，就是公司赚钱的方式或途径。比如，快递公司就是依靠送快递赚钱，网络公司要靠刷流量、点击率来赚钱，饮料公司要靠卖饮料赚钱。但是真正想要赚钱,就需要对商业模式进行分析,而这个分析的过程,就包括对企业在市场中与用户、供应商、其他合作伙伴的关系的关注,尤其是对相互间的物流、信息流以及资金流的关注。

由此便能看出商业模式对企业成功的重要性了。而上、下都要"通达"、要帮助企业创造价值的HRBP,在熟悉公司业务的同时,自然不能忽视对企业商业模式的熟悉。

任何企业,其运作无非就是围绕成本、价值、利润三方面来进行,而商业模式其实也是围绕这几方面来构建的,并且是通过以下三种类型来体现的。

图3-2　商业模式的三种类型

运营模式,就是通过对企业内部或外部资源的整合,达到经营高效、成本节约、风险降低的方式方法。

业务模式,就是企业在创造客户价值,或者满足客户需求时采取的方式方法。

盈利模式,指的就是企业获取利润的方式方法。

那么,到底要采取怎样的商业模式,才能保证企业获取利润呢?下面我们就来介绍一下。

■ 将终端牢牢抓在手中

抓住终端无疑是抓住了精准客户,将产品直接销售给精准客户,对企业获取利润来说无疑是最直接、便利所在。那么怎么才能控制终端呢?还要注意以下几个方面。

1. 占领先机

占领先机，主要还是针对市场来说。谁先占领市场，谁就拥有了控制终端的优势，也就为牢牢抓住客户做好了准备。比如国内有很多的奶制品公司，大家都争相去开发新领域，目的就是抢先占领终端市场。当客户习惯了已有的奶制品后，其他的产品就很难异军突起，对占领先机的产品造成冲击了。

2. 掌控定价权

在占领了终端之后，就形成了一个控制权，那就是定价权。这个价格可高可低，只要不影响市场销售，当然，越高越好，客户来挑选产品时，挑来挑去最后都是同一家公司的产品。

3. 紧跟房产开连锁店

能够控制终端市场的产品，基本都能以连锁的形式存在。就像肯德基，只要有新楼盘开发，一定能看到肯德基的身影紧跟着落地。因为肯德基很清楚，房地产已经开发，很快就会有人入住，而有人入住的地方，就一定有餐饮需求。

当然，随着互联网的不断深入，这种控制终端的措施显然有些落伍了。此时就要求HRBP与各直线经理合作，找出在互联网模式下，有哪些终端可以控制，是移动端，还是桌面端，这就要根据公司的具体业务来具体操作了。

■ 控制力

商业模式的关键还在于控制力。

我们以中国动向为例来说。中国动向，乍一说你可能不知道它是干什么的，但如果说到运动品牌背靠背（Kappa），你肯定就知道了，Kappa就是中国动向拥有的品牌。中国动向其实在创立之前，是李宁公司中国区的总代理，后来被李宁公司以1000万元卖掉了。结果脱离了李宁公司的中国动向发展速度一发不可收拾，当然，这与它的商业模式改变是有关的。

比如，中国动向将生产和销售都采取了外包的方式，自己只负责设计研发和品牌管理，所以，很快获得了62%的高毛利。但是它的毛利与百丽还不一样，因为没有生产和销售的成本，所以它的利润甚至高达40%以上，这跟抢钱没什么区别了。

中国动向还进行了融资，向摩根·士丹利融资了3800万美元，向意大利Kappa总公司付了3500万美元，购买了Kappa中国品牌的永久使用权。

当时大家都不明白，融到的钱在自己兜里还没捂热乎，就跑到别人兜里了。中国动向可不这么想，因为当时中国动向的股票市值为300亿港元，而它购买了Kappa在中国的永久使用权，就拥有了控制力，300亿港元的股票就攥在自己手里了。

控制力在商业模式中非常重要，因为资本市场是要看一家企业五年后的状况的，投资的是未来。你有控制力，还是没有控制力，五年的时间就可能有天壤之别，如果你只是一个代理商，那么你肯定没有控制力，但如果你自己对品牌有了绝对的控制力，那就不能同日而语了。

当然，商业模式并不是一成不变的，而是要随着竞争力的改变而不断变化的，这就需要商业模式的创新。近几年，商业模式创新已经成为商业界的流行词汇，指的就是企业价值创造提供基本逻辑的创新变化，通俗来讲，就是企业要通过新的方式方法赚钱。

商业模式的创新，一般来说，可以通过以下几种方法达成。

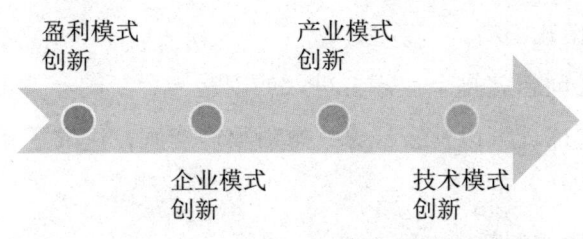

图3-3 商业模式创新途径

1. 盈利模式创新

盈利模式创新，就是将一个企业的用户价值定义以及相应的利润方程或者收入模型加以改变。这需要从用户新的需求入手，去深刻理解用户购买你的产品需要完成的任务是什么，这就需要一个解决方案。此方案一旦确认，就确定了新的用户价值定义，也就是在收入模式上进行了创新。

国际知名电钻企业喜利得公司，在全球市场竞争激烈的境况下，从用户的需求出发，了解到用户对复杂电钻的管理能力有限，经常为此延误工期。于是喜利得改变了用户价值定义，将出售改为出租，并为用户提供库存、维修、保养等综合管理服务。由此喜利得也从硬件制造商变为服务提供商，同时因为将制造转移给第三方，盈利模式也相应发生了改变。

2. 企业模式创新

企业模式是一个企业在产业链的位置以及充当的角色。企业模式创新，就是将创造和提供的搭配进行改变，一部分由自身创造，另一部分由合作商提供，一般通过垂直整合、出售、外包等形式来实现。

谷歌意识到用户对信息的搜索从桌面平台转移到了移动平台，但是当时的谷歌只有桌面平台搜索引擎，因此开始实施垂直整合，将摩托罗拉手机以及安卓移动平台操作系统购买下来，直接进入移动平台，由此改变了企业模式。

3. 产业模式创新

产业模式创新就是企业需要进入或创造一个新的产业。就像IBM，推动了智能星球计划以及云计算，重新整合资源，进入了新领域及创造了新产业。

4. 技术模式创新

技术模式创新是商业模式创新的最主要驱动力，创业公司在设立之初，可以引进技术人员，来主导自身的商业模式创新。如今最具潜力的当属云计算，还有3D打印技术。比如可以用3D技术打印桌椅，也可以用3D技术打印汽车零件等。

除了以上四个方法以外，商业模式创新还需要了解四个维度。

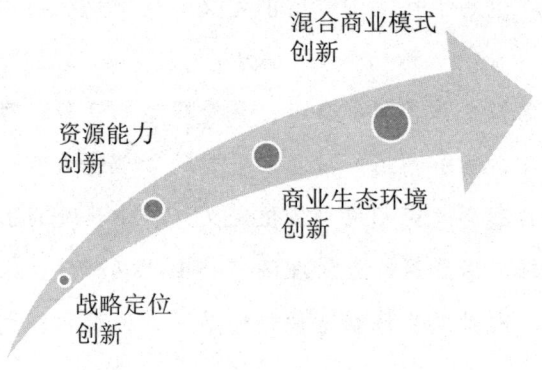

图3-4　商业模式创新的四个维度

1. 战略定位创新

战略定位创新，具体就是要选择什么样的客户，可以为客户提供什么样的产品或服务，希望与客户建立起一种什么关系。

王老吉抓住市场空隙，将饮料与药性相结合，推出了"防上火"的饮料，成就了"中国茶饮料第一罐"。

2. 资源能力创新

资源能力创新，具体来说，就是围绕企业的核心竞争力，在人力资本、无形资产、物质资产等方面，做开发、配置、成本及收入源方法的创新。

通用公司发现传统制造业利润越来越少，于是就改变商业模式，将提供产品改为提供解决方案，而且在提供解决方案时，通用现有的器械设备就成了方案的附属品。通过这种模式，通用在一些地区的利润甚至超过了30%。

3. 商业生态环境创新

商业生态环境创新，指的是企业将周围环境看作一个整体，比如供应商、经销商及其他市场中介，甚至还包括竞争对手，将这些环节打造成一个可持续发展的共赢商业环境。

戴尔在短短二十几年的时间里，从一个大学没毕业的学生创建的企业，一跃成为电脑行业的佼佼者。创立之初，既没有品牌又没有技术，靠的就是戴尔建立的共赢商业生态模式：以自己的网络直销平台为中心，让众多供应商环绕在周围的商业生态经营模式。正因此，戴尔形成了自己独特的销售渠道模式。

4. 混合商业模式创新

混合商业模式创新，就是战略定位创新、资源能力创新和商业生态环境创新相结合的创新方式。一般来说，企业的商业模式创新基本都是混合式的，因为无论是战略、资源，还是生态环境，都是相互作用、相互依赖的，是分不开的。比如苹果公司，其成功一方面在于产品设计，另一方面也源于精准的战略创新：从"iPod+iTune"到后来的"iPhone+App"，都体现了苹果的战略创新。

只有了解了企业的商业模式，HRBP才能协助直线经理制订有效的提升业绩的方案，才能帮助企业创造出卓越的价值。

每个HRBP都必须熟悉的业务流程

HRBP既然是业务合作伙伴，自然要懂业务；而要懂业务，首先就要懂业务流程。

业务流程，从广义上说，指的就是为达到某一特定的价值目标，由不同的人来共同完成一系列活动。但是在完成过程中，这些人有着严格的先后顺序限定，且在所完成的内容、方式、责任等方面，有明确的安排和界定，这样才能在分别完成不同活动时，于不同岗位角色间顺利完成转手交接工作。

而从狭义的角度来说，业务流程就是企业中一系列创造价值的活动的组合。

业务流程对企业的意义，不单单是对企业关键业务进行了清晰的描述，更为重要的是，业务流程为业务运营起到了指导意义，比如在资源的优化、组织机构的优化、管理制度的优化等方面，业务流程都发挥了一定的作用，由此便可以有效降低企业运营成本，提高对市场需求的响应速度，争取企业利润的最大化。

那么作为HRBP，又应该了解业务流程的哪些方面呢？以下几个方面，HRBP要是深入了解了，可以说，对业务流程就算达到了一定的熟悉度。

第三章 主动参与，不做业务部门的"门外汉"

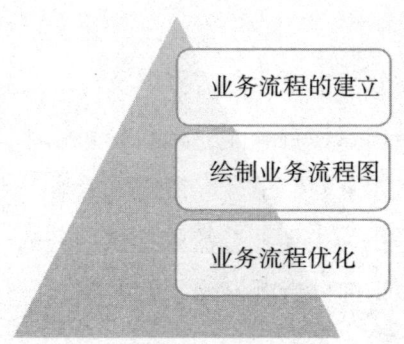

图3-5 业务流程要素

■ 业务流程的建立

良好的业务流程建立，也可以说是企业流程设计，其在保证企业灵活运行方面起着关键的作用，尤其是其中对业务流程接口的清晰定义，在降低业务之间的耦合度上起到了非常重要的作用。有了这样的基础，在局部业务流程发生改变时，就不会给全局流程产生太大的甚至灾难性的影响。

业务流程建模想要做好是非常难的，是非常复杂且具有挑战性的，不过也是有一定的方法可以借鉴的。一般来说，处理好以下几个方面，就能将业务流程设计好。

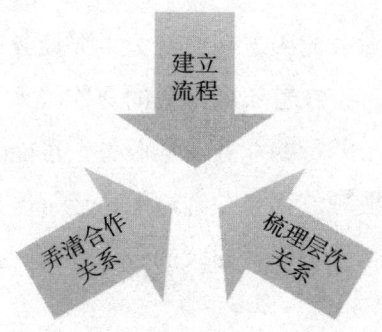

图3-6 业务流程设计

1. 建立流程

建立流程首先要分清主要业务流程以及辅助业务流程。

主要业务流程是由直接存在于企业价值链条上的一系列活动及其之间的关系构成的，比如采购、生产、销售等活动。

辅助业务流程是由为主要业务流程提供服务的一系列活动及其之间的关系构成的，比如管理、后勤保障、财务等。

2. 梳理层次关系

业务流程之间是有层次关系的，一般是由总体到部分、由宏观到微观的逻辑关系，既符合人类的思维习惯，也有利于企业业务模型的建立。将主要业务流程建立以后，对其中的每项主要流程活动进行细化，为其服务的辅助业务流程自然而然就建立起来了。

业务流程间的层次关系，在一定程度上也反映了企业各部门之间的层次关系，因此，业务流程的顺畅运行，其实与企业组织结构的优化是相辅相成、相互促进、相互制约的一个关系。如果业务流程不好执行，此时就要回过头去看看企业组织结构设立得是否合理，存在不合理的地方，HRBP就可以向上层提出来加以改进；如果发现企业组织结构没有任何的问题，那么就是业务流程存在问题，此时就要回过头来仔细研究到底是哪一块的业务流程设计得不够合理。

3. 弄清合作关系

企业中，不同的业务流程之间以及为主要业务流程服务的各个辅助业务流程之间，往往都存在着不同形式的合作关系。一个业务流程可能在为其中一个或者多个并行的业务流程服务，可能为子流程的执行提供依据，也可能是某个业务流程必须经过的，还可能是在特定的条件下不必经过的。从组织结构上来说，同级的各个部门间往往就会形成业务流程上的合作关系。

■ 绘制业务流程图

业务流程图是一种能够描述组织内各部门、人员之间的业务关系、作业顺序和管理信息流向的图表，它是系统分析员、管理人员、业务操作人员相互交流思想的工具，利用它可以帮助分析人员找出业务流程中的不合理之处。

业务流程图在绘制时是按照业务的实际处理步骤和过程进行的。比如去医院看病，首先要先去挂号，然后拿着挂号单到医生那里看病开方，接着去缴费，缴费后到药房取药。一个看病的流程这样就结束了。业务流程图就是描述了这样一个完整的活动过程。

那么对业务流程图的分析、绘制又需要了解哪些方面的内容呢？

1. 对流程图的图示要了解

绘制业务流程图首先需要了解绘制业务流程图的图示。一般来说，最常用的就是"活动/过程""决策""逻辑关系线""起始/终止""子流程""文件"几个图示，其中，"决策"又可以被称为"判断"，"文件"也作为"表单"用；不过诸如"数据""资料带""存档""手动输入"等图示也会用到。

这些图示，在WORD文档"插入"→"形状"→"流程图"中都可以找到。

2. 对业务流程图的常用结构要了解

业务流程图的常用结构一般有顺序结构、选择结构、循环结构三种。

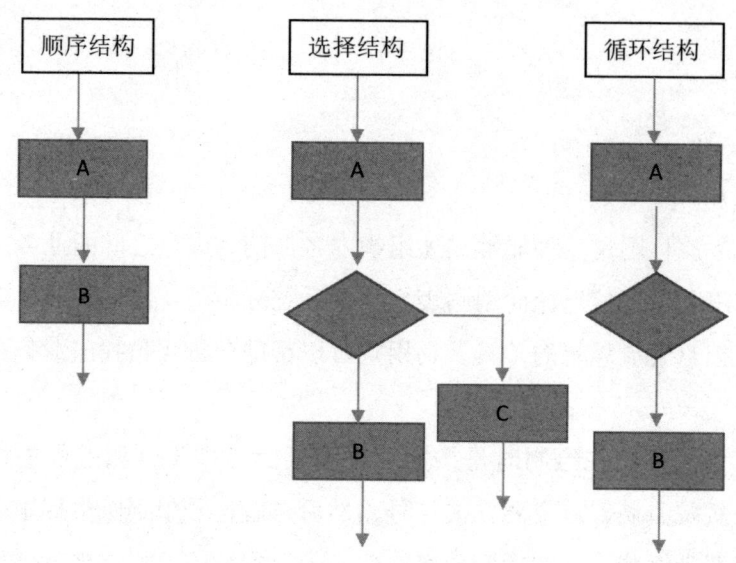

图3-7　业务流程图常用结构

3. 流程图的层次划分

在业务流程图的绘制过程中,最难的就是层次的划分,不过也并非没有规律可循。

首先,梳理业务流程范围。用大致的关键节点,将业务流程范围内的故事讲清楚,这就是顶层业务流程图。不过要注意的是,这并不一定就是公司的整体业务全局,只是先界定好业务范围。比如一家餐厅,你界定的业务范围是面向顾客的点餐与结账流程,那么点餐和结账就是顶层业务流程图;但如果你界定的业务范围是整个餐厅的运作业务流程,那么点餐和结账无疑就是一个子流程了,同时其中还可能包括采购、供应商管理、库存等子流程。

其次,从顶层业务流程由粗到细开始分解,详细且简单地界定业务范围内的全局故事,还要包括该范围内的关键节点。这些关键节点不一定都要细化分解而生成二级、三级的流程图,有时候可能就一个关键节点,下面没有任何分级,这主要看该节点所涉及的"活动"及

"角色"的内容。经过这样分解之后，就建立起了一个清晰的流程目录结构。

在做业务流程图时，尽量先借助笔和纸打个草稿，当你对呈现的流程有足够的信心时，再借助软件工具。

4．绘制业务流程图的注意事项

首先，在绘制业务流程图时要注意不能自己DIY，因为业务流程图所涉及的都是各个参与角色的代表，是需要实际的人员去完成相应的工作的，因此，要适时与相关人员确认事情的原本流程。

其次，要注意任何一个流程图都要有开始和结束，不要在交出流程图后，还要让人追着你问"流程的开始点在哪里""流程的结束点在哪里"，要用清晰的代表开始和结束的符号来完成第一步和最后一步。

最后，加编号，也就是给你的流程图赋予一个"身份识别号"，这是一项让沟通更有效的优化措施，比如A1、A2、H1、H5等，这样大家在看业务流程图时，能够很清晰地知道哪个编号代表的是什么，哪个编号涉及了哪些内容。

■ 业务流程优化

流程制订出来后，不一定就完全是合理、科学且有效的，随着市场环境、组织结构、营销服务等的不断改变，业务流程也不得不跟着改变。这就要对现有流程绩效进行评估，识别缺失的关键环节以及需要改善的环节。而在对流程各环节进行分析评估时，可以从下面几个方面来完成。

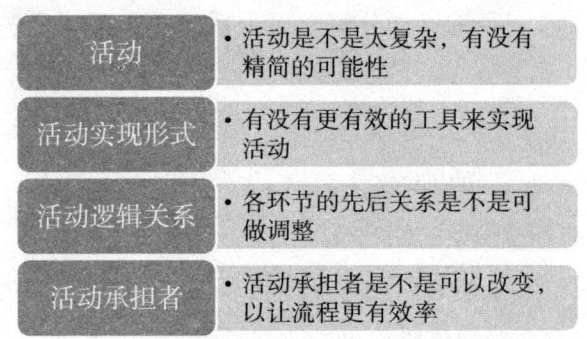

图3-8　业务流程分析评估

在对流程进行优化时，更多要关注相对低层次的流程效率以及成本等，看能不能采用一些方法和工具对现有的流程进行改善，让流程更有效执行，一般不会涉及大的核心组织变革和流程变革。

当然，还需要注意的是，懂得了业务流程，并不代表就对业务有所了解了。懂业务流程仅是懂得了业务的"语言"，让你能听懂业务人员在说什么，而在业务层面，你还不能算作真正的价值创造者。真正的业务思维是用户思维和市场思维，是要思考用户是谁、用户的需求是什么、市场是怎样的等具体的问题。

"打入"业务内部，了解业务模式

HRBP，其核心就是"BP"，成为业务合作伙伴，如果你不懂业务，那么你又怎么能成为合格的HRBP呢？需要了解的业务有很多方面，首先你需要深入业务内部，了解其业务模式。

在上节中，我们就提到了业务模式，它是商业模式的一部分，是企业在创造客户价值或满足客户需求时采取的方式方法。其实，业务模式也可以说就是一个或一组展开业务的方案。

基本的业务模式有很多，比如客户培养模式、高低端结合模式、速度领先模式、重复获利模式等，下面我们就具体来说一下。

■ 客户培养模式

客户培养模式，就是选择合适的客户群进行预先投资。尤其是在如今网络通信工具极其发达的现状下，通过建立一个QQ群、微信群等，就可以培养一批潜在的客户。

一家卖毛线的小店店主，为了让每次新进的毛线早日售空，她想出了一个点子：将一些手工针织方法做成视频发布到了一些网站上，然后在上面备注了自己的QQ号及微信号，想要学习更多的手工针织方法，只要加她的QQ号或微信号了解即可。为此她创建了几个QQ群和几个微信群，每个群都满员，且都是手工针织爱好者，天南海北，哪里的人都有。她会定期发一些新颖的、花型标致的针织方法，除此之外，就是回答一些群组成员提出的与针织相关的问题，其他不多说。而每到一批新货，她就会及时推到每个群中，很快，她的毛线就被抢购一空了。

这种前期的培养客户方式，一旦建立了信任，在客户关系维护上就简单多了，且忠诚度极高，能够为企业带来稳定的收入。

■ 高低端结合模式

不同的客户对价格的敏感度以及产品属性的偏好都有不同，因此在产品的定价以及附加值上，可以分为高、低端两大类，既迎合了高端用户的喜好，同时又满足了低端用户的需求。如此一来，不但拥有了庞大的客户群体，同时还提升了竞争力，有效抵制了其他竞争对手对客户及市场的抢占。

瑞士手表被全世界的消费者认可,一说瑞士手表,马上就能想到价格昂贵。但是也不全是贵的,比如瑞士SMH手表公司,除了拥有欧米茄、浪琴、雷达等世界知名品牌的高端产品外,还开发了一款价格低廉的手表品牌。他们以高端产品为主要利润来源,价格低廉的手表虽然没有什么利润,却很好地建立起了"防火墙",致使当时蒸蒸日上的日本精工公司不得不在手表业务上缩减了投入。

■ 速度领先模式

在如今市场竞争越来越严峻的情况下,谁在第一时间抢占了先机,谁就是胜利者,由此就特别强调速度,尤其是创新产品,更强调速度。创新产品拼速度上市,可能面临着成本很高的局面,但是相应的,因为市场上没有相关产品,所以定价一般都很高。

当然,这种拼速度创新的产品,一般都不会持续太长时间,同类型的产品就陆续上市了。在这种情况下,导致价格和成本同时下降,但是价格永远要比成本下降得快。因此,创新产品要特别注意两点:一是生产时控制好量,尽量不要有大量囤货出现;二是要提前制订销售方案,让产品快速"出手"。

这种业务模式对创新型公司和高科技公司都非常适用,比如英特尔公司、金融创新公司等。

■ 重复获利模式

重复获利模式非常适合那些拥有大量消费者的企业,首先拥有一项基础技术或产品,接着利用这项技术或产品的功能特点,通过不同实现形式重复获利。

迪士尼公司就是这类企业的代表,先是创立了米老鼠、唐老鸭等卡通形象,然后不断地以电影电视、报刊、服装、主题公园等形式表现出来,每一种表现形式其实都是一种获得高额利润的途径。

■ 文化传播模式

如今市场上的产品同质化严重,相互间质量差不多,价格也差不多,缺乏竞争力。此时就可以通过企业文化或产品文化理念的传播,给消费者一种心理暗示,以刺激消费者消费,从而获取高利润。

百事可乐在可口可乐声势浩大甚至有些独霸一家的情况下,硬是给自己"杀"出了一片天地,这其中就有文化传播模式的功劳。大家想到百事可乐,同时会想到什么?是不是"青春""活力""欢快""时尚""新鲜""活泼"呢?这就是深入人心的文化理念,专注于年轻消费者市场。

■ 低成本模式

低成本模式也是许多企业碾压竞争对手的一把利剑,因为有了低成本,就可以轻松打价格战了,通过低价格抢用户、抢市场,最终获取高额利润。

美国西南航空公司的发达靠的就是低成本模式,当时它把目光聚焦在了美国内陆城际间短距离航运模式上,而这种短距离的航运当时不被大型航空公司看在眼里。于是美国西南航空公司就靠着这种"短距离、低价格"模式逐步发展壮大起来了。

■ 电子商务模式

电子商务模式，也就是网络模式。这种模式相比传统模式有以下几大优势。

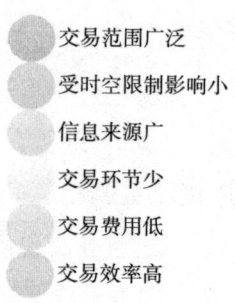

图3-9　电子商务模式的优势

正是因为电子商务有如此多的优势，从而成为一种全新的业务模式。

现在的电子商务简直太多了，而且成功者更是比比皆是，诸如阿里巴巴、京东、当当等。尤其阿里巴巴，它是中国最大的电子商务网站，为世界200多个国家、700多万家企业和商人提供着电子商务交易服务，由此就可想阿里巴巴每年在国内、国际上的交易额之巨大了。

将电子商务运用得淋漓尽致的还有滴滴，用户不用出门就可以在手机上通过简单的操作叫车，司机会根据定位准确到达用户所在的地方，不需要用户在路边等很长时间。不仅如此，司机的个人详细信息以及预计到达的时间，都会在接单的同时发送到用户手机上，支付也是在网上完成。同时，在滴滴的业务模式中，还建立了司机评分和点评系统，在一单服务结束后，用户可以根据服务质量对司机进行打分。由此让很多人都喜欢上了滴滴，想要出门时，再也不用先到路边去等传统的出租车了。

这就是电子商务的魅力所在。

不过若想业务模式获得成功,在制订策略时,还要关注以下几个要素。

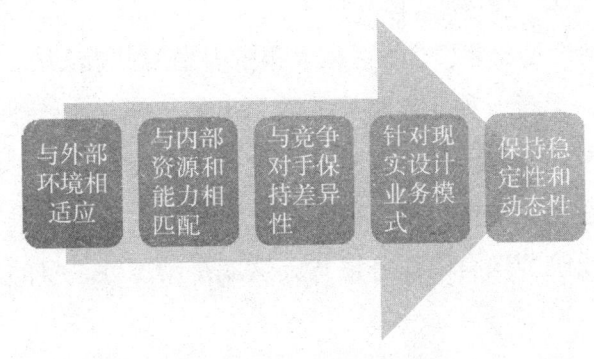

图3-10 制订策略要关注的要素

1. 与外部环境相适应

在设计业务模式时,一定要注意与所处的政治、经济、法律、科技、文化等外部环境相适应,否则很难成功。比如一度采用直销方式销售的戴尔、安利等,在中国就曾不受欢迎,因为中国人更喜欢到店里选购商品。但随着国人对直销方式的接受,直销越来越盛行了。

2. 与内部资源和能力相匹配

业务模式的达成,与外界环境要相适应,与内部企业自身的资源、能力也要相适应。若不切实际地制订出了业务模式,企业不管是从资金方面,还是人力方面,都难以施行这一业务模式方案,那不管你的设计多精巧,也没有任何价值。

3. 与竞争对手保持差异性

业务模式的设计尽量保持与竞争对手的差异性,就是设计出与竞争对手不同的业务模式,既不会被其他公司效仿,又能提升竞争力。

4. 针对现实设计业务模式

业务模式的设计是为了满足现实的需求,是为了解决当下存在的问题，因此要切合实际，既不能过于保守，也不能过于超前，否则非但解决不了问题，还会给企业带来灾难性后果。

5. 保持稳定性和动态性

企业在制订了业务模式后，应该集中力量去付诸实践，而不能只图眼前的效益，毕竟一种业务模式的效果不是一朝一夕就能看出来的。在一定时期内要固定一种业务模式不变，这就是稳定性，目的是将业务模式的能量彻底发挥出来。但是在竞争环境改变、利润下滑时，就要重新设计或改善现有的业务模式，这就是动态性，目的是为了应对新的变化。

掌握几种该有的思维模式

腾讯是国内为数不多的运用HRBP比较成熟且成功的大型企业之一，接下来我们就一起看看腾讯HRBP拥有的几种思维方式。

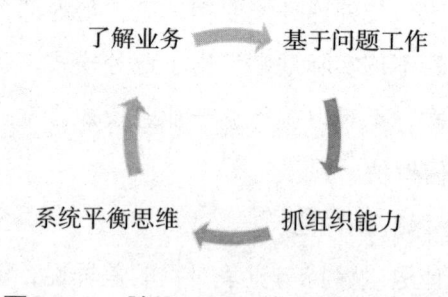

图3-11 腾讯HRBP的几种思维方式

■ 基于问题工作

基于问题工作，属于一种工作方法，也是一种顾问思维。

腾讯公司针对每个团队在一定阶段内会给出一定标准，这个标准可能是某个项目的里程碑时间，也可能是产品的质量要求，还可能是收入、利润等，也可能是公司职级分布、事业群职级分布、公司人员流动率、业界同类明星产品人员配比等数据或基准。

腾讯的HRBP重点要做的就是，如果一个团队没有设定标准，那么就要通过一些调研、分析，设定一个标准或者找到一个"参照物"作为参考，比如部门间的平均值，或者公司的平均值，抑或是业界的标杆值等。

在设定了标准之后，问题就很容易显现出来，因为在"标准"的基础上，腾讯的HRBP很容易看到哪些人或者哪些团队高出了标准，高出标准的这部分人或团队具备哪些特质，他们为什么可以超出标准那么多；而哪些人或者哪些团队低于标准，低于标准的人或团队又为什么会低。找出其中的原因，并提供解决的方案或建议。这就是基于问题展开工作。

比如在HRBP所服务的团队中，人才流动率高于事业群或者公司，那么HRBP就要从中找原因，并及时提供防止人才流动的方案或措施；如果人才流动率远低于其他事业群或公司，那么就要将好的经验向大家分享。

■ 抓组织能力

组织能力，是见证一个合格HRBP能不能帮助企业创造价值的关键所在，其主旨就是抓住工作重心，不去打扰业务，也不偏离HR专业本身。该如何具体理解这个组织能力呢？我们可以从HR的著名的杨三角来说。

HR领域中的杨三角，非常著名，是由中欧国际工商学院飞利浦人力资源管理首席教授、组织能力建设学习联盟会长杨国安提出来的，用一个公式来表示就是，企业成功＝战略×组织能力。战略很简单，就是公司、部门或团队目标，那么企业最终能不能获得成功，除了有正确的战略部署以外，就要看组织能力了，因为这里面组织能力起到了决定性的作用。再具体一点儿的话，组织能力又由员工思维、员工能力和员工治理来构成。

从2009年开始，腾讯就一直沿用这个杨三角工具，注重组织能力的培养，且效果很好。在具体实施中，HRBP以此为工具，将关注重点放于团队文化建设（企业文化）、团队能力培养（培训与发展）、团队管理模式、变革推广等方面的具体实践。

比如腾讯在对某项目进行管理时采用了高效的Scrum工具，但是在人才的选拔、任命以及考核方面，就需要与HRBP方面的同事进行沟通，对办公自动化系统考核关系的设计、开发、配置等加以优化。

■ 系统平衡思维

系统平衡思维就是确保做正确的事，以平衡"公司、经理、员工"三类角色。这就需要从员工层面、经理层面制订一些政策、流程，并具体实施。比如在经理层面需要出台一些顺利共事的契约，包括决策机制、不吸烟、不行贿受贿等政策。

HRBP虽然被派往各大部门，协助各部门业务负责人以及一些基层管理人员，提供一些人力资源方面的支持与服务，但同时又需要站在公司的角度引导大家用正确的方式进行工作。

■ 了解业务

了解业务是HRBP必须要做的，在了解业务的渠道上，我们会在接下来的内容中具体介绍。

通过以上叙述，就清楚了腾讯HRBP日常工作中具备的几种思维模式，大家在实际工作中，如果觉得不知道该如何展开工作，不妨将其作为指导性参考。

及时发现业务部门遇到的问题

在了解了行业的发展趋势、企业的商业模式、业务流程以及业务模式以后，还并不能算是熟悉业务，而真正的熟悉业务，必须要有扎根一线、与业务人员一起"摸爬滚打"的经历。这也是为什么HR进阶HRBP相对很难，而具备一定的人力资源知识的业务人员在做HRBP工作时却相对容易的原因，因为他们更懂业务。

在纽交所上市的汽车之家人力资源总监杜宏，在2009年就曾尝试过一次HRBP的转型，结果没能成功，他认为是时机不成熟。而到了2012年，"汽车之家"与盛拓传媒正式拆分，变身为两家独立的公司，业务变得相对单一，企业文化也相对单纯，此时杜宏认为施行HRBP的时机已经成熟，开始启动HRBP模式。

慢慢地杜宏发现，他对业务工作的了解不能仅限于表面上，而是要深入学习业务，要做到有理有据地与业务部门负责人进行公开辩驳，这才算真正懂得业务了。

为什么他会生出这样的想法呢？就是因为经过几个月的业务部门学

习之后，由杜宏主持了一次会议，在听完每个部门的工作汇报后，各部门负责人都在等着听杜宏给出一些建议或评价。但此时的杜宏完全不知道该说什么，在尴尬之下，杜宏遭受了同事们的嘲笑。

扎根一线要做哪些工作才能了解业务呢？具体还要从以下三个方面展开。

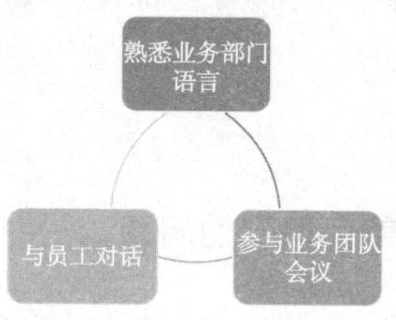

图3-12　了解业务的途径

■ 熟悉业务部门语言

想要与业务负责人以及业务人员顺畅沟通的首要条件就是要熟悉业务语言。那什么才是业务语言呢？下面就通过一个案例来了解一下。

李某在一家服装行业的企业HR岗位上摸爬滚打整五年，最后跳槽到一家知名房地产企业任职。恰逢这家房企为提升效益、争取更大利润进行改革，每个事业部都分别下派了HRBP，而李某被分在了销售部。

从来没有接触过真正业务的李某感到非常沮丧，不仅仅是因为业务人员对他的排斥，更在于他完全听不懂业务人员在说什么：五证三书，建筑面积，占地面积，建筑密度，公摊，三通一平，七通一平，生地，毛地，熟地……他通通不懂。到底这些都是什么意思？这是在深入业务后的几天内，李某常常在脑中为自己大大画问号的东西。

这就是业务语言，李某因为不懂这些，业务人员在谈论甚至跟他介绍这些时，他搞不明白，自然会被业务人员排斥。因此，HRBP了解业务首先要从了解业务语言开始。

不过掌握了业务语言，也仅是掌握了与业务相关的零星概念，还需要深入了解业务的实质，找出业务中存在的"痛点"，并且将这些"痛点"加以分类和提炼，发现其中的功能性，以反映出现行的管理制度以及流程中存在的问题，并在制度与流程中找突破口来根治这些问题。

■ 参与业务团队会议

与业务相关的知识有很多，所以，不少HRBP此时就不停地搜寻着各种相关的书籍来学习。学习固然值得推崇，但是书有很多，而且理论知识很多，必然需要你花费很长的时间去学习、领悟。有句话说得好："百学不如一练"。你身边就有现成的让你锻炼的机会，此时为什么要去浪费呢？

当然，"练"要会练，并不是让你深入一线去实地开展业务，而是能够及时获取所需信息，而团队的会议就成了这些信息的重要来源。

这些会议，除了事业部各层级的周度会议、月度会议，业务部门的相关会议更不能错过。在此过程中，遇到不懂的问题就记下来，并且在会后向相关部门同事请教，尤其是有关业务实际运作方面的问题，更要彻底弄通。再进一步，就是要积极参与公司年度战略规划会议了，当然，这必然需要HRBP的成熟，需要HRBP对整个业务趋势有所了解，对行业趋势能够看清。

以腾讯HRBP为例，他们获得业务知识的渠道来源于正式和非正式两个渠道。正式渠道就是在外部进行学习，比如参加行业论坛、行业峰会等；非正式的渠道，则是通过和候选人聊天、参加一些业务人员的圈子或聚会等，也会进行一些非正式的内部会议学习。

当然，HRBP能够参加事业部内部的会议，还需要公司或者高层领导的支持。

就以阿里巴巴为例来说吧。从阿里出来的HRBP，其他公司都非常喜欢，因为他们有很深的业务参与背景。但事实上，虽然他们在阿里做得很好，成绩斐然，可到了其他公司并不一定玩得转，为什么？就是因为在阿里，HRBP对业务的理解是由整个强大的阿里企业文化作为支撑的，HRBP可以很正常地参与全部的业务会议中，这也是阿里的硬性要求。但这种企业文化并不是所有企业都能接受的，而且就算高层能够接受，负责部门的直线经理也不一定能够接受。

从这个角度，也说明了一点：HRBP想要顺利参与会议，对业务有深入的了解，需要整个企业上下的支持。

■ 与员工对话

了解业务一个有效的方法就是与一线员工对话。当然，传统企业HR也找员工谈话，但是都是在什么情况下呢？一般都是遇到问题或者有硬性工作要求时才谈，可以说，被HR找去谈话，大多没有什么好兆头。但是作为HRBP，则要主动与员工对话，而这种对话完全是为了了解业务。

比如阿里的政委，就有50%~60%的时间在和员工对话。阿里的政委随时都可能会找员工对话，或者有目的地访谈，真的就和部队政委的角色一样，通过对话、访谈了解员工的理想、抱负、家庭以及业务状态、与团队成员间的状态。比如是不是有买房子的愿望？孩子是不是要上小学了或要进幼儿园了？工作中遇到了哪些困难？有哪些方面需要企业给予支持……就像是一个全面给予你呵护的"大家长"一样，任何事情他都要了解。不仅如此，在了解后，他很快就能给出让你非常满意甚至感动的解决方案或支持行动。

除了以上这些，有些阿里的政委甚至还真的会和员工一起去拜访客户，并且从工作中了解遇到的问题，倾听客户的意见等。

在阿里，政委与员工之间有一个要求，很绕的四点：

懂你

懂我

你懂我懂你

我懂你懂我懂你

说的就是员工信任政委，不管政委在什么时候做的什么决定，员工都给予信任；政委也理解员工，随时随地给予员工支持。

在这种一对一的对话或访谈下，相信没有哪个HRBP不会真正成为业务伙伴。

其实腾讯也一样，HRBP会主动和业务人员成为朋友，与他们一起吃午餐，一起喝咖啡，并通过这些途径向他们学习业务。所以，腾讯的HRBP每天的饭局都排得很满，原因就是他们会主动去和不同业务线的员工深入交谈。这一点也源于腾讯的互联网企业性质，互联网发展变化速度飞快，HRBP必须要主动掌握最新的产品动向、最新的业务发展，建立非常强的互动关系，才能真正跟上变化。

当然，除了以上这些"温情"的对话或访谈以外，更为重要的就是了解与企业相关的问题。

我们还是以汽车之家的杜宏为例来说。杜宏在发现需要深入了解业务后，便总结出要到工厂和销售部这两个核心点去学习，学习他们的业务运作。于是他便下工厂，与一线员工一起进行生产工作，从中了解了实际产能、工作量、生产计划的排定、生产班组的排定、各个车间的对接流程，甚至汽车到仓库入仓以及出货管理的流程，他都了解了。然后他又去销售部，与一线销售员工一起学习产品知识、销售流程、销售技巧，给客户打电话，还安排发货并跟单管理等。如此深入学习之后，杜宏逐渐对业务有了真正的了解，能够发现工厂和销售部存在的问题。

深入一线，想必HRBP必然能收获不少的业务方面的知识。当然，这种知识并不是让你去更好地开展业务，而是为了更好地帮助业务部门解决问题、提升绩效。

了解业务也要有"大局观"

在了解业务时不仅仅要扎根一线深入了解，还要懂得将目光放远，有"大局观"。毕竟HRBP不是真正的业务人员，而是帮助业务部门制订策略、解决问题，单纯扎根一线，到最后很有可能将自己真正变成一个业务员了。那么如何体现"大局观"呢？还要从以下两个方面入手。

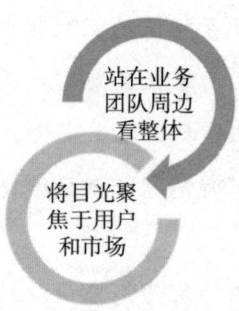

图3-13　了解业务的"大局观"

■ 站在业务团队周边看整体

不管HRBP如何了解业务，最终都只是业务的伙伴，因此，重点还是要站在"揪问题"并解决问题的角度，承担好自己的责任，而这就需要HRBP不仅要深入业务内部，更要懂得站在业务团队的周边看整体。

我们还是说说阿里巴巴HRBP是怎么做的。马云一声令下，阿里巴巴的HRBP都要坐到业务会议中间去，用在业务方面的时间，占到了HRBP全部工作的10%~30%的时间。后来就发现，业务人员只看到自身的业务板块的东西，而阿里的政委（HRBP）则是站在业务团队的周边，同时看多个业务，并且将所有业务逻辑串联起来，这就做到了从更高的角度、全局的角度有效看待公司的业务。

所以，HRBP不能曲解对业务的深入理解，也不能让自己的工作方向大角度偏向业务，否则你就不是HRBP，而是单纯的业务人员了。

而在看到问题后，就要及时解决问题，这样才能获得业务部门以及业务人员的信任。

腾讯就是这样，HRBP就是自己的领导，自己的主人。因此，腾讯的HRBP必须主动去搞定一切业务部门所需的人力资源问题。不能退缩，一旦退缩，势必会引起质疑。

■ 将目光聚焦于用户和市场

HRBP的目光不仅要聚焦于企业内部的各事业部、一线的业务，更要将目光向"外"，聚焦于用户和市场。

腾讯的HRBP就需要具备产品思维，他们有明确的目标客户，因此他们很清楚客户的需求和用户体验，所提供的服务总能不断进行优化。

正因此，腾讯的HRBP总能跟业务部门员工对上话，也能够顺利完成人力资源方面的支持工作。

当然，聚焦于用户和市场，内部信息不用说了，那么对于外部市场信息，不妨通过以下几条途径获得。

（1）将自己作为公司产品或服务的消费者、用户，并从消费者、用户的角度看待这个产品或服务，满足了哪些需求，这些需求有哪些非常完美，有哪些存在不足，有哪些需要改进……

（2）如果你的亲戚、朋友、家人在用公司的产品或服务，那么你可以通过他们去了解对产品或服务的看法和评价；如果他们用的是其他企业的产品或服务，那么你可以听听他们对自己所用的产品或所接受的服务的评价。从中比较自己企业的产品或服务与其他企业的产品或服务间的区别和优劣势。

（3）积极参加一些行业论坛、展会，由此增强对市场以及竞争对手的了解。

（4）与一线销售人员一同跑市场，从而了解市场行情；或者参与到招聘一线中去，听听求职者对市场的看法。

了解了市场还不够，还要懂得以用户思维来处理这些信息，此时就要思考：我们的用户到底是谁？他们有哪些需求（更多的可能还是会关注竞争对手，而并不是客户的真正需求）？投放市场的产品或服务满足了客户的哪些需求，还有哪些缺口，我们的产品或服务能不能将这些缺口弥补上（风口，就是市场缺口，是要看增量市场，而非存量市场）？产品如何设计才能满足受众的喜好？真正的竞争对手是谁（比如移动和联通是真正的对手吗，不一定，它们真正的对手可能是腾讯）？品牌策略到底要表达的是什么，要树立一个怎样的品牌形象？营销推广有哪些方式方法以及渠道等。

HRBP开始形成用户思维、市场思维的习惯的时候，也就表明真正进入懂业务的阶段了。

不用担心思路会错误,重要的是养成这样一个思维习惯,在潜移默化中,就能发现一线工作的问题,就能发现产品、供应链的问题,甚至能发现公司战略与运营中的问题,接着,人力资源工作的策略相应就出来了。

HRBP想要将整个业务价值链以及管理价值链连接到一起,就要形成这样一个闭环:

前端:以用户和市场为基础,清晰地知道需要怎样的产品,要形成怎样的品牌策略、产品策略、渠道策略以及销售策略等;

中端:以产品为基础,了解产品的数量、质量、成本、生产周期、工艺要求,也能对研发和生产策略给出一定的建议和方案支持;

后端:属于支持系统,其中有人力资源、财务、信息部门等,以保障你的策略、方案有效执行;

顶层设计:属于法人治理结构和管控模式、组织结构等。

如今已经步入互联网时代,HRPB需要了解的还有很多,还需要不断地学习、精进。

第四章
用数据说话，成功与业务部门及老板"连线"

HRBP要学会用数据说话。不管是业务部门，还是财务部门、生产部门等，都习惯用数据说话。如果作为HRBP的你也懂得用数据表达，有理有据，那么各部门的领导就会认同你的观点。比如某部门员工离职率高，若仅以简单的一句"没办法"回应，势必会引起部门的不满，业绩不佳的原因就会推给你；如果通过数据来表述留任率虽然不高，但是在努力之下，已经相比过去几年有了很大提升，同时根据行业水平，给出未来几个月的业绩水平，这种效果就会深得部门领导的认可。

进阶：从HR到BP的修炼之道

数据是最强有力的说服工具

在移动互联网时代，大数据、云计算不断剧烈冲击着传统企业粗放的经营模式。大数据已经成了未来竞争优势的基础、赢得胜利的最重要的资源，企业决策、价值创造以及价值实现的方式都会在大数据的影响下发生改变。而对HRBP来说，通过数据收集，可以理解更广泛的业务需求，并提出正确的意见，在高层的战略方面以及业务投资方向上给予指导。因此，想要取得各业务部门的信任，并且获得高层领导的认可，数据就成了最强有力的说服工具。

HRBP要想让数据成为最强有力的说服工具，首先还需要了解数据分析的几个关键阶段以及了解数据分析的方法。

■ 数据分析的几个关键阶段

SAP云分析产品营销全球副总裁Nic Smith说，2017年是云分析大发展的一年。在他看来，哪怕是最受管制的行业，也在利用技术和成本效益进行云分析。自动化和AI辅助技术在决策分析中，为用户提供了简单的见解。而且，有关研究也表明，使用分析的领导者数量在不断增长，物联网、传感器、流媒体数据、机器学习、区块链以及业务数据网络结合在一起，为业务的加速增长提供了机会。

从这个例子中我们就看出来数据对行业发展的重要性，其中也提到了数据分析。传统HR进阶到HRBP，需要更多承担起决策的任务，此时更要懂得对数据进行分析。而对数据进行分析，就要了解数据分析的几个关键阶段。

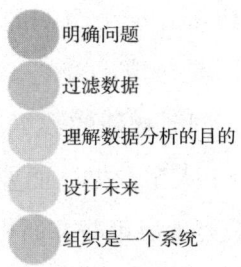

图4-1 数据分析的几个关键阶段

1. 明确问题

数据为王，但对于HRBP来说，业务是核心，因此在借助数据进行分析时，要明确你的目标是帮助业务提升业绩。所以，此时首先就要了解整个产业链的结构，对行业上游和下游的经营情况都要有一个大致的了解；然后再根据业务当前的需要，制订好业务发展规划，进而归类出需要整理的数据。

比如说你的直觉告诉你，有一个高绩效的优秀销售人员要跳槽。此时，你就需要马上用一个集中性的问题去检验你的直觉的正确性，以此形成调查。比如这个高绩效的优秀销售人员一旦跳槽，会给部门甚至是公司带来哪些损失？他的离开会让部门员工总人数产生哪些变化，是不是还有其他人员会跟他一起离开，他们的绩效是多少？有没有什么有效的方法减少这个优秀销售人员跳槽的可能性？日后的工作内容又该如何来设计？接下来就要去了解这个员工以及其他一些员工跳槽后，给整个产业链结构会带来什么影响，上下游的经营会有哪些变化，此时就要经过收集数据来进行分析和解决了。

2. 过滤数据

在某大型企业人力资源岗位上效力5年的乔某，对人事数据也算是非常熟悉了，但是当企业转型让他来担任某事业部的HRBP时，他想要通过数据来进行问题的分析和解决，却发现有很大的阻碍。

过滤数据也就是数据辨析。一个组织的数据一般都会存储在大量系统中，但是这些数据并不是一成不变的，一些数据必然要随着组织的不断变化而逐渐被淘汰，同时被新的数据所取代。尤其是HR进阶到HRBP，需要掌握的不只限于人事数据，而要包含与业务相关的数据、与财务相关的数据，甚至是与上层策略方面相关的数据等。大量的数据汇总后，想要有效运用你所掌握的数据，首先就要对数据进行辨析。

整个收集、过滤、整合以及对数据进行存储的工作模式，就让你对公司的整体策略以及业务的分析有了一定的了解。

3. 理解数据分析的目的

数据分析的目的就是要帮助业务人员提升绩效，做能让企业增值的事情。因此，在分析时不可像HR那样，仅收集组织员工人数、住址、人口统计数字以及出勤率、雇佣时间、敬业度等那么简单，而是要将业务议程放在首要位置，分析数据之间的关系，比如生产力、销售额、工作绩效、客户满意度等。

4. 设计未来

在对业务有了一定的了解后，就要学会借助数据来为企业、为业务部门设计未来：未来一年，未来两年，甚至是未来三年，企业需要一个什么样的模式？相关部门人员需要做哪些配合？业务需求量上升时，比如上升10%时，每个部门需要做哪些变化，是要增员，还是通过缩减流程而压缩员工数量？如果需求量上升20%，又该有哪些变化？可以用"驱动因素分析法"，通过与企业本质特征相关的一些因素主导企业活动，从而决定企业的业务量和人员的需求量。找出驱动因素，并根据这些驱动因素预测未来人力资源方面的需求。

经过如此分析、设立，你面前的未来就有了一个清晰规划，如此既增进了员工交流，便于方案的采纳，同时又可以帮助员工进行具体工作的实施，设置具体的培训计划。

5. 组织是一个系统

组织是一个系统，在企业出现问题时，要通过连接组织系统解决问题，对人、角色、技能以及活动等持续不断地、集中地收集数据，以引导直线经理从组织系统的整体角度来考虑员工正在做什么，未来他们需要做什么等。

■ 数据分析的方法

有了数据，还要学会对数据进行分析，这就需要掌握以下几个数据分析方法。

1. 流量分析

流量分析对企业的发展，尤其是互联网企业的发展十分关键。一般来说，流量分析有以下三个方法。

一是通过访问、下载渠道以及搜索词进行分析。通过数据分析平台，对网站的访问来源、App的下载渠道以及搜索引擎的搜索关键词进行统计和分析。比如可以采用归因模型判断流量来源，HRBP在分析这些流量时，只要自建或者借助第三方数据平台（比如Google Analytics、GrowingIO等）对流量变化进行追踪即可。

二是自主投放追踪。HRBP可以借助UTM代码进行跟踪，对新用户的广告来源、广告内容、广告媒介、广告关键字等进行分析。

三是实时流量分析。实时流量分析可以对产品的访问走势进行实时监测，这样就可以及时发现流量异常值。比如某电商平台，因为一个产品信息漏洞，导致某个时段用户疯狂抢购，此时就造成了流量峰值。而此时如果对数据进行实时流量分析，发现这种瞬间达到峰值的异常现象后，迅速撤下该产品，就可以避免过大的损失。

2. 留存分析

对一个企业网站来说，通过拉新引进的客户属于新客户，过段时间可能就会流失；而留下来或经常回访企业网站或App的人被称为留存客户；还有一部分客户可能只是在一段时间内对企业网站或App进行访问，被称为活跃用户。

如果你没有进行留存分析，而仅是通过对日活跃用户量（DAU）、周活跃用户量（WAU）进行监测发现用户是逐渐增加的，尤其是"日活"，那很可能是假象。只有留存用户才能为企业带来有效的增值，如果不做留存分析，不对其中的现象加以分析解决，用户势必会慢慢流失。

可以借助"留存曲线"，找到触发用户留存的关键行为及关键节点。比如"新建"功能用户的留存度较高，那么就可以将"新建"按钮置于网上首页顶端，这样就刺激了用户对网站的点击率。比如Facebook就曾发现"在第一周里加10个好友"的新用户留存度非常高，于是就强化了这个方面。

3. 群组分析

通过群组分析可以挖掘用户需求，改进和优化产品。不同地区、不同来源、不同平台的用户，对产品的使用及感知是存在很大不同的，HRBP在分析时，就要针对不同属性的用户进行分群，然后对不同群组用户进行分析，找出其中的行为差异，进而协助产品设计人员对产品进行优化。

4. 借助热图

对用户数据进行可视化，以热图的形式呈现，是对用户体验这个抽象概念进行了形象化，可以直观了解用户对产品的喜好，从而检验产品的设计以及布局是否合理，同时还可以针对不同客户，推荐相关的喜好产品。

掌握了数据分析的阶段以及方法，HRBP就能借助数据有理有据地与"上""下"进行有效沟通。

用数据驱动人才盘点

如今的行业，都进入了快速变革时期，经济以及社会环境与十年前相比，也发生了翻天覆地的变化。快速发展的行业以数倍规模和速度在扩张，而传统行业则不断面临着来自新兴技术的挑战，人力规划越来越被业务部门重视，"人才盘点"为此也受到了企业的极高关注。在互联网时代，如果不懂得用数据驱动人才盘点，你就不是一个合格的HR，更不是一个合格的HRBP。

从数据驱动的角度来看，人才盘点的内容是针对企业所有人员的详细人才档案、企业人才结构情况以及人才获得的难度等。那么在用数据驱动人才盘点时，又该做哪些工作呢？具体有以下几个方面。

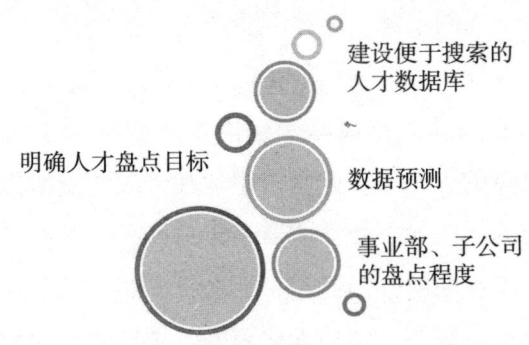

图4-2　用数据驱动人才盘点

■ 明确人才盘点目标

首先明确企业各个层级到底需要什么标准的人，这些人是由外部招聘还是由内部发展、培养？

其次要明确哪些岗位急需哪类人才，通过外部招聘是不是有现成的候选人可以提供；如果是企业的核心管理层，或者是特别重要的业务模块、业务单元，可能就需要从内部培养了。

定好了人才盘点目标，就能采取相应的方法了。

■ 建设便于搜索的人才数据库

某公司正处于一个扩张较快的阶段，需要大量的人才储备，然而当公司负责人向人力资源部门询问有没有相关的人才时，得到的回答却非常让人失望，因为他们根本没有人才数据库，更没有想过人才盘点。

传统的企业，绝大多数的人力资源信息化建设都放在了流程信息化、业务表单信息化以及薪酬和考勤等方面。但是，进行人才盘点，就要对员工进行最全面的了解，这就需要建立人才数据库。

在建立人才数据库时，还需要注意以下几点：

首先，要站在企业发展战略上建立人才数据库，因为你要招的人才或者由内部培养的人才，一定是指望他在未来一定时间内到某个岗位上发挥一定作用的。比如，企业需要半年后能找一些做部门经理的人替换现有的某几个不称职的部门经理，那么，此时你就要从现有的员工当中，选择熟悉业务、具备一定领导能力的人来培养；如果是想在一年后找到两位能够做分公司总经理的人才，那么就需要去选择各方面成熟度都相对较高的人了，可以由内部提拔，也可以从外部招聘。

其次，人才数据库的信息是结构化数据，在建立时要设置能够搜索和排序的功能，因为这点对人才盘点非常重要。比如应聘者的简历，就可以通过简历解析技术形成智能搜索的数据。有了智能搜索功能，在查找某个员工时就变得轻松多了。

可能有人会说用Excel也能够维护好人才档案，实现计算和搜索，但员工数据很多时，Excel的搜索能力就很有限了，且存储安全性不高，同时Excel也没有办法提供实时的行业数据对比。

数据库中一定要包括大数据的三个层次：个人数据；组织数据；互联网数据。通过对这三个层次数据的分析对比，就能掌握组织的竞争力以及发现其中的问题，同时还能了解行业内的人才流动趋势、薪资变化情况等。比如敬业度调查，就是因为可以为组织提供行业参照标准突显出来的数据价值。

■ 数据预测

人才盘点耗时最多的就是讨论人才未来成功的可能性，人才档案信息一般只能让你了解此人的过往，将来是否能够胜任不得而知。但是通过数据分析就可以预测了，即用历史数据预测特定人才未来可能有的成就。用数据预测的第一步就是积累数据模型：基于能力的胜任预测和基于经历的胜任预测。

在构建胜任力的数据模型时，可以用绩优员工的关键特点去分析其成功的素质特点，然后预测其他人的效果。在人才盘点中，可以利用数据分析的包括以下三个方面。

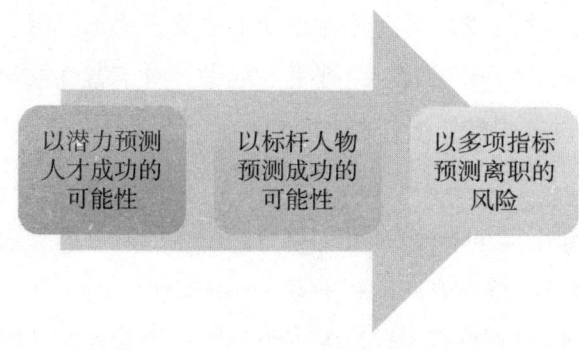

图4-3 人才盘点中可以利用数据分析的方面

比如以潜力预测人才成功的可能性，一般是基于人才测评结果来预测的，将人才测评结果与一般胜任力模型相对比，来预测风险和问题。现在比较流行的是根据内部员工来建模和预测，就是依据绩优人员的特点建模，将新进人才的领导力测评等数据进行对比。还有就是用新进人才的测评结果与内部员工进行匹配，比如目标候选人是甲，将他与内部员工乙进行匹配，如果两个人特点相近，这样就能迅速把握目标候选人的特点了。

■ 事业部、子公司的盘点程度

某集团公司，施行三级权限管理，施行HRBP后，想要在事业部层面以及子公司也开始盘点，但是要盘点到什么程度，具体要求的产出结果涉及什么，这些都弄不清楚。

对于这种大型集团事业部、子公司也进行盘点的问题，到底该盘点到什么程度，的确有点儿复杂。需要根据业务需求、团队成熟度来设计盘点的精细化程度，也就是说，盘点时要回归到业务层面来看。

对于这个问题，首先要明确关注的是人员的保留还是发展的问题，是想将一部分人提拔，还是想要什么结果产出？因此，在明确这个问题时，要有一个结构化的方式去与业务部门沟通。

如果需要的是结果产出，就要形成一个包含能力的未来组织结构图。比如将能力与人员的年龄结构放进去，你可能就会发现，有些人能力确实不错，但岁数大了可能很快面临退休问题；你还可能发现，岗位上人员虽然很齐整，但是他们的能力却不达标，需要一定的培训来强化；你也可能会发现，一些岗位是新建的，还没满员，此时就需要尽快去招聘。所以，这样就可以通过盘点得到一个包含能力的人才组织结构图。

结果产出还有一个特别常见的就是人才地图，也叫九宫格。将员工的能力潜力绩效放到人才地图中去盘点，就可以看出哪些人的能力、潜力较好，哪些人的能力、潜力都较差，这样就可以轻松知道后续的人才发展和人员调整的工作了。

对于这种人才盘点，最好的办法就是从业务的角度出发来寻找答案：业务挑战是什么，战略转型压力来自哪里，未来的战略走向如何，需要的人才属于什么类型的，人才策略如何……当然，这是个巨大的工作，需要HRBP下到每一个事业部、子公司中，针对每一个事业部、子公司进行统筹设计组织。

数据驱动人才盘点不是一朝一夕就能做好的，建立合理的流程、选择正确的管理软件和合适的时机完善人才数据，在工作中学会用数据"说话"，如此不但能量化反映业务的开展情况，从中发现问题并解决问题，还充分反映出了HRBP人员的努力程度以及工作的价值。

做好薪酬数据的整理和分析

薪酬看上去就是一些数字，但是背后其实蕴含着许多的学问，尤其是在当今的市场环境下，每年都会进行薪酬调研，此时就要发挥数据的作用了。

发挥数据的作用来设计薪酬，还需要做好薪酬数据整理以及薪酬数据分析两个方面的内容。

■ 薪酬数据整理

薪酬数据整理是基于市场或其他途径获取的薪酬数据，这些数据或零或整，并不一定都是相对完善的体系数据。因此，在对薪酬数据进行整理时，就要从以下三个方面去完成。

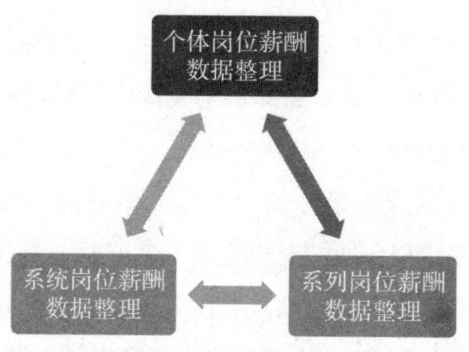

图4-4　薪酬数据整理

个体岗位薪酬数据整理，即公司在发展中发现某个或某几个岗位的薪酬相比市场薪酬来说，明显低或明显高，或者新设定的岗位薪酬不好确定时，就要对几个岗位薪酬数据加以市场调研。相对来说比较简单，只要根据公司内对岗位的职位描述以及与外部同类岗位的薪酬进行对比，在职位描述差不多的几个或一组数据中，经公司内部评估后，便可以确定需要调整的岗位薪酬了。

系统岗位薪酬数据整理，一般用于企业进行薪酬变革或整体调薪的情况，也可以用作内部薪酬分析。这种薪酬数据整理法需要对整个企业的薪酬进行系统的分析。

系列岗位薪酬数据整理，需要从内外两个方面进行，内部需要区分相对价值，根据职位的等级不同，对岗位的薪酬进行赋值。比如处于基层的员工，年度现金收入总额（不包含福利）可能在5万~6万元，但是诸如销售总监级别的高层管理人员，年度现金收入总额（不包含福利）可能就在15万~20万元。

企业不同，职位等级的设定也会不同，没有一个标准可言。每个职位等级可能代表了不同的岗位，但每个岗位可能有不同的薪酬数据，而在对这一职位等级进行薪酬赋值时，取平均值即可。

如果说以上几点是对企业内部薪酬数据进行整理，那么还要对外部薪酬数据进行整理。

外部薪酬数据整理可以参照上面个体岗位薪酬数据整理以及系统薪酬数据整理的方法。根据个体岗位薪酬数据整理的方法进行整理时，要获取标杆薪酬数据，将标杆薪酬数据与其背后的职位描述或者岗位职责相匹配，并与公司内部职位等级相匹配。但实践中，可能我们只获取到一部分职位等级的数据，此时就要进行回归分析了。

什么是回归分析呢？它是确定两种或两种以上变量间的相互依赖的定量关系的一种统计分析法。回归分析法运用得非常广泛，其主要有三种分类：根据其所涉及的自变量的多少，可以分为简单回归分析和多重回归分析；根据因变量的多少，可以分为一元回归分析和多元回归分析；根据自变量和因变量之间的关系，可以分为线性回归分析和非线性回归分析。

依照系统岗位薪酬数据整理的方法整理外部数据时,针对每个岗位都要收集10家以上的薪酬数据,然后再编制外部薪酬分析报告。在对薪酬数据进行分析时,要了解"分位值"这一概念。简单来说,若有100个数,从小到大排列好,排在第10个的就是10分位值,排在第25个的就是25分位值,排在第50个的就是50分位值。处于中间位置的也叫中位值,比如100个数的话,50分位值也叫中位值。

■ 薪酬数据分析

以上了解了薪酬数据的整理方法,接下来就说说薪酬数据的分析。首先是了解传统4P模型。

图4-5 传统4P模型

1. Position(岗位职责)

就是根据岗位的职责大小以及这个岗位对公司的价值来设定薪酬。

2. Price(市场)

就是看整个市场对具备如此技能的人才所设定的薪酬是怎样的。比如有些专门做薪酬数据搜集、整理和分析的机构,每年都会进行薪酬调研,就是为了让薪酬数据报告与市场相应。

3. People(能力素质)

就是员工的能力高低,能力高的自然薪酬等级也越高。

4. Performance(绩效)

每个员工对于公司目标的完成情况是不同的,有的可能超额完成,有的可能没能达到目标，但都应给予不同的激励措施，尤其是超额完成的人员，就要设定一定的奖金比例维度。

传统的4P模型更多被应用于基础岗位体系、薪酬体系搭建等方面，是从岗位角度出发的，在现代企业中难免会显出一些局限性。而对于HRBP来说，就要针对公司战略以及具体业务，从战略执行、优势能力、员工活力等方面出发去分析。

其次要了解如何付薪。

用什么付薪、薪酬怎么组合等问题，都需要设定。说到薪酬，可能马上就会想到现金福利，但是并不是所有的企业员工都有这样的诉求。比如外企员工关注更多的可能是发展机会、晋升机会，这就要求企业有一定的职业发展机会；民企员工可能关注更多的是工作与生活的平衡，这就要求企业针对员工的工作和生活达成一个平衡，比如设立弹性工作时间等。

除了固定工资以外，还要有年度奖金、长期激励（比如股票、期权等）、补偿津贴等福利。薪酬福利管理是需要市场实践、市场发展趋势和市场洞察力的信息来做支持的，那这部分信息如何获得呢？这就需要每个年度都要对内部薪酬以及外部薪酬进行调研，并将其转化成对公司有利的信息。

很多企业内部的员工会抱怨工资低，还有这样的疑惑：为什么随便一"跳"，薪酬就能翻番？比如一个市场部专员，随便跳槽，可能就会找到一个比原来职位高一级的岗位，且薪酬翻番。其实这是外部企业恰好缺人，而他们非常愿意花更多的钱来挖有丰富经验的人才，这样的话就省去了内部培养的精力及成本。所以，跳槽即升薪便可以解释通了。

再者要看离职率和调薪率。

离职率和调薪率是人力资源部门每年都要看的，而且更想看的还是其他企业的调薪率，便可以以此作为本企业的调薪借鉴。

企业的调薪率还要结合企业内部的盈利情况来进行。比如企业的调薪率与GDP数据相等，那就表明企业所有的盈利都用于员工涨薪了。此时就要考虑未来经济可能会放缓的情况了，因为一旦未来经济放缓，企业势必在支撑较高的薪酬上会变得艰难不少。

对于离职率，中国员工的跳槽概率还是比较高的，一般专员服务2年可能就会跳槽，主管一般3年就会离职，中层和高管可能会在6~10年离职。进行分析时，不妨从年龄段或者服务的年限来提前了解员工的动态。

最后还要对薪酬内部的公平性进行分析。

薪酬内部公平性非常重要，因为一样级别的员工，总会看身边以及做同样工作的人所得的薪酬。但是薪酬内部公平，并不完全采取"从事同样工作的人付同样的薪酬"这样的制度，而是为责任性，也就是岗位价值付薪。所以，即便岗位相同，所做的工作相同，在付薪上也可能存在不同，比如绩效水平、年龄资质等，都可能会让付薪标准不同。

但不管怎样，HRBP在设计薪酬时，都要从业务出发，要清晰企业发展和战略目标以及企业的竞争力情况，还要结合企业价值观以及企业文化等来制订薪酬计划，并且要不断地回顾和复盘薪酬计划，不断完善薪酬制度。

招聘中可采用的数据及数据分析

近几年来，人力资源部门最真实的内心写照就是"人越来越难招了"。尤其是那些招聘需求量大、用人部门多的企业更是如此，所有的职位需求动辄就上百个，同时还要将关键职位、关键人才区分开来，且不同的职位招聘难度又各异，各部门对所招人员的要求也不同，那边事业部刚提完用人需求，这边领导就开始催促招人的进度……但是，作为能够帮助事业部解决实际问题的HRBP来说，在这个凡事都讲求效率和价值的时代，在招人用人方面，一定要懂得借助数据。

■ 简历数据分析

大数据对人才匹配及人才推荐起着非常重要的作用，所以在招聘时，借助数据就不用在众多的简历中海选了。

某公司HRBP在对业务有了一定的了解后，想通过某招聘网站寻找适合业务部门需要的人才，结果发现上面简历非常多。此时缩小条件范围，系统还是从海量简历中向他推荐了6000多份。这是个什么概念呢？依然有无限量的结果！所以，他不得不搜索查看最近更新的简历，但是最终还是出来了很多的简历，且浪费了很长时间看简历后，结果并没有一个合适的人选。

其实像上述这种情况，如果一开始就借助数据，完全可以优化资源、提升效率，不但这家公司的HRBP不用这么麻烦地在招聘网站上海选，招聘网站的设计者也可以利用数据更好地满足用户需求。

从公司内部来说，很多企业缺的可能不是简历，而是没有有效整理好简历。其实，如果公司职位需求量非常大的话，每年可能都会收到几百上千甚至更多的简历，其中有很多的简历，可能暂时并不符合要求所以被搁置下来；或者企业部门很多，每个部门的负责人都要负责一块招聘工作，可能不符合其中某一个招聘者的要求，但不一定也不符合其他招聘者的要求。如果平时就将这些简历慢慢沉淀下来，建立起一个数据库，就形成了一个资源库。设定一些搜索条件，比如UI工程师、销售经理、会计等一些职位的关键人才，这样在搜索的时候只要输入搜索条件，符合职位要求的人员马上就全调出来了。

此外，公司内部少不了不同部门间的人才流动，也可以借助数据做人才的挖掘、推荐。

■ 借助数据做临时预测

很多年前，惠普就曾用大数据在企业内部做过人才离职预测。方法其实很简单，它只是将一个人离职的原因根据以往的研究分成很多项，包括在本岗位的时间、绩效水平、晋升与否，甚至是员工子女的年龄、收入状况、配偶的情况、身体情况等诸多信息，建立一个离职预测模型。当然这些信息是不断变化的，比如绩效水平等信息记录肯定都会有变化。当时惠普做了这个事之后一直被人追捧。

当然，有可能你通过数据预测出来某个员工要离职，但是你将这个问题向相关部门负责人提出的时候，该负责人并不以为然，他觉得自己早已经了解到这个员工要走，那这个预测结果就毫无价值可言。还有的虽然不知道员工要走，但部门负责人想的可能是怎么留住他，而不是选择新的人才。

所以，HRBP在实际工作当中可能面临的并不是算法和模型本身，并不是大数据本身，而是如何让组织接受，如何给组织发挥更大的价值。这就需要在建立预测模型时，要考虑得更积极、正向一点，要深入了解并分析员工生命周期，尤其是在人才盘点时对关键核心人才更要多关注一些。

■ 招聘时到底要分析哪些数据

秦女士自从毕业后就到了某集团公司做HR工作，但是随着集团的改制，HR人员都被派到各事业部了。秦女士以以往HR专业为基础，每天都置身于烦琐、重复的招聘工作中，焦头烂额，不清楚到底投入了多少，可是最终的结果都很难令人满意。所以，她每每面对事业部负责人的诘问时，都会理屈词穷，百口莫辩。

那有没有一些好的办法可以改善秦女士这种苦恼的状态呢？不妨采取过程数据化的方式，既可以顺利而快速地完成工作，同时又能赢得直线经理及部门员工的信任。

过程数据化，就是通过对过程数据进行实时跟踪，第一时间发现问题，并及时采取相应措施解决。这个过程也被称为招聘漏斗分析。

比如要招聘一个中高端岗位的员工，就可以先根据行业内该岗位的初试到场率、复试通过率、录取接受率等来细化每个细节，还要对比行业内的招聘数据，调整招聘行为，这样也能有效提升招聘水平。

基于过程数据化，可以统计各个环节的转化率：

简历有效率=电话面试/简历初筛

初试到场率=初试到场人数/初试通知人数

复试通过率=复试通过人数/复试人数

录取接受率=接受录取人数/发送录取通知书人数

这就反映了招聘过程的效能和效率，让招聘过程的关键环节清晰可见。比如最终招聘完成率没有达到预期目标时，就可以回头来查看录取接受率情况，如果录取接受率明显低于标准时，就要仔细分析放弃录取的原因。这样通过追踪并深入分析数据背后的规划，并用数据指导行动决策，便能从招聘困局中解放出来。

正确使用绩效考核数据

绩效考核通常被称为业绩考评或"考绩",是采用各种科学的定性、定量的方法,对企业中每个职工所承担的工作,以及职工行为的实际效果、对企业的贡献或价值,进行考核和评价的一种行为。

绩效考核是企业管理强有力的手段之一,也是现代组织不可或缺的管理工具,目的就是通过考核,提升个体的工作效率,最终实现企业目标。而绩效考核的过程也可以采用数据分析方法。

那该怎么正确使用绩效考核数据,又该如何收集考核数据呢?下面就来具体看一下。

■ 如何正确使用绩效考核数据

前面我们提到的秦女士,最初到事业部时,经常会在工作上出现一些错误,在使用绩效考核数据时也常发生错误,但是却找不到其中的问题所在,白白浪费了很多的时间和精力不说,还经常被事业部的同事奚落。这让秦女士异常苦恼,甚至一度怀疑自己是不是应该离职回家。

秦女士之所以在绩效考核数据上会出错,绝大多数原因就是在数据统计时有错误,又没有及时验证和更正。比如绩效考核有周期性,周期性一到,很多数据可能就会发生变化,如果此时还直接引用,就会发现数据有错误。

那么到底该怎么正确使用绩效考核数据呢?不妨从以下几个方面入手。

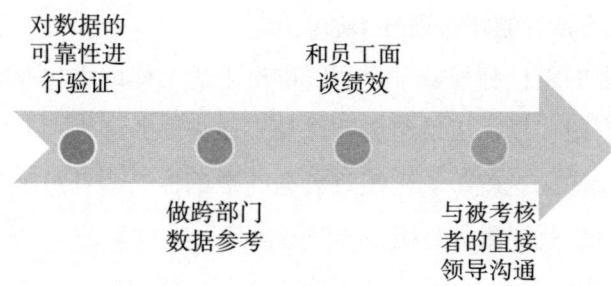

图4-6　正确使用绩效考核数据

1．对数据的可靠性进行验证

在初始进行数据统计时，要有相关人员进行监督和验证数据的准确性，对照要求进行检查。当进行绩效考核时，HRBP以及相关部门或是被考核员工的直系部门应当对所附数据给予适时的抽查，以减少其中的错误以及作假现象。

比如生产部门完成了目标任务量，提交了数据，此时PMC（生管员、物控员）就要对数据的准确性进行验证。可能不会每天都验证，但是每周至少都要验证一次，一旦发现生产部周报的目标数与PMC周报所统计的目标数不同，就要按PMC的数据为准。

2．做跨部门数据参考

为了便于数据验证的可靠性，可以进行跨部门目标考核。比如招聘率，各事业部在制订月报表时，如果发现所需人员并没有到位，就会对人力资源部门的招聘率达标情况表示怀疑，此时就要进行调查核实。

3．和员工面谈绩效

报告和数据中的信息有时候可能并不能完全反映员工的真实绩效，这时候就要和员工面谈。这种做法一来可以深入了解员工对公司的看法；二来可以让员工感觉到公司对他的重视；三来还可以了解员工的业务水平以及综合能力，为以后的培训需求调查提供参考。

4. 与被考核者的直接领导沟通

被考核者的直接领导最了解他所带员工的工作能力和业务水平，但不得不说，有时候受员工情绪影响以及工作需要的顾虑，他们在确定绩效时会有所顾虑，这就影响到绩效数据的准确性。一旦员工对绩效数据有所怀疑，首先就要找其直接领导沟通协调。

■ 如何收集考核数据

秦女士的苦恼不单单是对绩效考核数据的使用有误，就是在收集方面，刚开始时也时常出现一些错误。为此被考核者对秦女士非常不信任，同时给她后来的考核工作也带来了很大的阻碍，没办法为接下来的工作提供准确且必要的考核数据。

其实，不管是KPI考核指标，还是非KPI考核指标，抑或是量化指标、描述性分等级评价指标，都需要充分的数据收集。数据收集可谓是绩效考核最真实、最准确的来源，一旦出错，必然会引起被考核者的不满与不信任。要确保数据收集的准确性、真实性，就要注意数据收集与统计的时间和方法。

考核数据的收集和统计的时间、方法，不同的公司有不同的规定，有的公司是由内部不同部门，按照天、周、月、季或是某个特定的时间段来进行统计，也有些部门可能是按照更长时间统计的，比如半年甚至一年的时间。时间的长短一般由工作性质来确定，否则就难以达到准确性。下面就来看一下具体的部门统计时间。

生产部：生产部要每天统计，其中包括生产达成率、质量保证抽检合格率、质量控制检查合格率、物料超损耗率等项目。首先将这些项目目标汇总后，做成日报表；然后汇总后平均，得出周报表；最后再汇总成月报表。

品质部：品质部也要每天进行统计，具体要根据抽检批数合格率、首检合格率、漏判与误判次数等进行日统计，然后是周统计、月统计。方法与生产部基本相同。

开发部：开发部的统计时间周期比较长，一般以一个季度一次为多，当然有的可能一个月内就能对项目完成开发，但有的可能需要时间更长一些，达到半年以上，主要还得看产品开发的难易程度。在统计时，主要针对设计验证合格率、产品开发进度准时率、开发成本超预算率等来收集。

职能性部门：一般来说，职能性部门都是按月来统计的。在统计时，主要针对员工工资以及工作的完成程度等来收集。

HRBP虽然要深入到各事业部，但是绩效考核毕竟还是一项十分烦琐且细致的工作，如果将精力大部分放于数据的收集、汇总及统计上，势必会影响对业务问题的发现和解决，也难以帮助事业部提升绩效。所以，此时就有必要指定一些人来进行数据收集，并告知人力资源部门业绩考核的相关人员以及被考核者。但需要注意，被指定的人要有足够的耐心和对数字高度的敏感性，在确定考核方案后，要多次对各数据收集人员进行专门的数据收集培训。每周都要进行一次数据收集交流会，统计数据收集过程中出现的疑问和难题，比如交流障碍、配合度低、数据收集困难等，并找到其中的原因。

第五章
有影响力的 HRBP 才能让人信服

作为HRBP，需要有一定的影响力。因为不管是参与业务之中，还是进行指导，抑或是协调各层级之间的关系，都需要抛头露面，这样才能在与业务有了一定了解后，进一步树立自己的威信，成为团队的领导者，具备一定的话语权，并引领和推动组织的变革与各项工作的顺利实施。这样也才能获取可持续的影响力，让领导、各部门管理者以及一线员工都能满意、信服。

"简单粗暴"的影响力打造法

拿破仑·希尔曾说过:"在别人的影响下生活着,就等于不属于自己,就等于被别人的意志给俘虏了。这样的人即使再优秀,也不会登上领导的位置。"没错,没什么影响力的人只能活在他人的阴影下;而一个有着强大影响力的人,身边总能有众多的朋友,因为他们总能情不自禁地被他吸引。作为HR,想要成功进阶为业务合作伙伴,就要成为这样一个有着超级影响力的人。

所谓影响力,就是一种特殊的人际交往能力,既会影响他人,也会被他人影响。HRBP虽然已经在如何为企业创造价值、为企业开发和保持优质的人力资源、体现个人的价值等方面做好了准备,而且做得非常尽力,但是毕竟是业务的"门外汉",一开始都很难被业务部门人员接受和支持,更别说有影响力了。此时是HRBP开展工作最困难的时候,而恰恰也就是在这个时候,才更应该想办法来提升自己的影响力,以获得业务部门以及上层领导的信任和支持。为此,以下几种"简单粗暴"的影响力打造法,HRBP不妨借鉴。

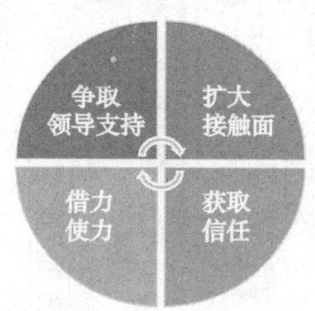

图5-1 "简单粗暴"的影响力打造法

第五章 有影响力的HRBP才能让人信服

■ 争取领导支持

因为集团改革,黄先生所在的人力资源部门成员大部分被派往各个事业部,帮助各直线经理发现问题、解决问题,黄先生被划分到了其中一个业务部。

黄先生从一开始,就以国内外采取HRBP的大型企业集团为标杆进行学习借鉴,不断摸索着与业务经理以及一线业务人员"和谐共处"的办法,争取能尽快帮助自己所在的业务部将业绩提升上去。可是,两个月过去了,黄先生与业务部人员之间就像是两个小的"团体",他们根本不把他放在眼里,对他的意见也是"左耳朵进右耳朵出",根本不当回事。为此黄先生非常苦恼。他静下心来,仔细复盘着自己的改进方案,觉得并没有什么问题,且的确能够帮助部门提升业绩,可他们为什么就对此不屑一顾呢?

黄先生无奈,与以往同在人力资源部门的"老同事"们诉苦,却发现,其他人和他一样,都没有实质性进展。这时候,大家才发现,他们的存在少了领导的支持。

HRBP想要拥有自己的影响力,领导的支持和信任非常重要。不过想要获取领导的信任和支持,还需要做到:

首先,在集团内部形成一种企业文化,由上到下强制性贯彻HRBP参与业务的行动,尤其是领导,一定要将自己推行HRBP的坚定信念灌输给企业上下所有的人。就像阿里巴巴,"政委"对业务的理解是有阿里巴巴的企业文化做支撑的,"政委"必须要参与到全部的业务会议中,这是阿里巴巴的硬性要求。而这个硬性要求,显然就表明了马云,也就是领导对HRBP的认可和对这种制度实行的坚决程度。

其次,光有企业文化的支撑还不行,你还得有真本事让领导对你刮目相看才行，这时就要做几件能让领导赏识和信赖的事了。比如切实帮领导处理棘手的问题，如劳动纠纷、"刺头"员工的处理等；真正站在领导的角度，从节约成本、提升绩效的流程上制订活动方案等。

最后，对组织能够提出一些策略性思考和想法，并适时向上建议或反映，这也是获得领导赏识的途径。尤其是当组织变革时，HRBP一定要扮演好咨询顾问的角色，在对行业、业务发展等有了深入了解，并对组织变革流程熟悉的基础上，主动提供一些有价值的信息，能很快获得领导的信赖。

■ 扩大接触面

想要打造影响力，就要能拿得出"真枪实弹"的真本事，这就要掌握不同工作领域人员的专业特性；但是想要掌握这些，首先就要扩大所接触的面积，这样才能对各种信息有敏锐的把握。如此慢慢经过经验积累，最终就能成就"长袖善舞"的境界。比如有些HRBP也知道要深入业务，但业务是深入了，却将自己直接变成了一个业务员，接触面太窄，根本没有办法去接触各方面的信息。

那怎么才能扩大接触面呢？不妨采取"走动式管理"，本着服务的意识，参与到不同领域中，聆听不同领域专家的想法，进而提升自身思考的广度，不断获取员工、商业合作伙伴等各方信息。

比如某大型中日美合资生产制造企业的HRBP，在工作开展中，很多时候是没有解决方法的，他就主动征求各方的想法和建议，无论公司内外，无论是其他前辈、同行，还是政府工作人员，他都会根据不同的事情及时找他们咨询。而每每咨询过后，都会给他带来"柳暗花明又一村"的灵感。

第五章　有影响力的HRBP才能让人信服

■ 获取信任

打造影响力，首先要获取直线经理和所属部门员工的信任，这也是做好HRBP的首要任务。你与他们的关系，有时甜蜜，有时痛恨，但必须要互相依托，否则你的工作就没办法开展，因为你的工作必须有直线经理以及部门员工的一起配合才能完成。就像上例中的黄先生，虽然有领导的支持，但还是没能获得所在部门经理以及员工的信任，否则也不会出现方案有效却没人响应的局面。

但是HRBP毕竟是硬生生插入业务部同时会影响业务部工作的人，尤其是起初对业务还一点儿也不了解，此时想要快速得到直线经理和一线员工的支持，就要做到以下几点。

1．快速响应对方的问题

对直线经理以及一线员工提出的问题，要快速做出响应，因为这样可以反映出你的个人能力和办事效率，这就为良好的口碑及获得信任建立了基础。

2．不放过任何一个展现自己能力的机会

HRBP的工作想要受到重视，充分展现个人的能力非常重要，这就需要抓住每一个机会，将每个问题都恰到好处地解决，这些问题不论大小。如此才能在直线经理和一线员工那里逐渐树立威信。比如一套方案的制订，从一开始就要认真对待每个流程、步骤，预估可能出现的问题，并提前做好应对措施。同时在实施过程中，要不断复盘，出现问题立刻解决，这就是展现你个人能力的机会。

3．尊重与信任合作者

对HRBP来说，部门直线经理以及所属部门的员工就是你的合作者，想要获得他们的尊重和信任，首先就要对他们付诸尊重和信任。著名的"双因素理论"就指出，受到尊重和信任属于激励因素，并不是保健因素，你尊重和信任员工，员工就愿意按照你的方案为企业付出；你尊重和信任直线经理，直线经理就能够配合你的工作。比如你相信员工能达到你制订的目标，那么在这之前，你就要有一些人性化的激励措施跟上。

■ 借力使力

如果你个人的力量实在没办法影响领导或直线经理以及一线员工的话，不妨援引外界专家的建议，例如对工作的评价、薪资调查、绩效管理、组织变革等制度的推动。当然，在借助外部专家的力量的同时，还要会整合公司内部的不同意见，比如领导的意见、直线经理的意见以及一线员工的意见等，看他们的意见中有哪些是可以借鉴、采纳的。还有当自己的意见无法推行时，比如领导没能接受你的建议，此时不妨组成共同小组来化解阻力，争取获得领导下面的得力干将的支持等。

当然，罗马并非一日建成，从人力资源部门转入业务部门的HRBP在打造影响力方面也不能过于着急，需要日积月累，才会从量变达到质变。

有效地影响他人

奇虎360董事长周鸿祎曾说过："一定要锻炼自己的公众表达能力。因为未来在企业发展过程中，需要不断地推销你的企业，推销你的产品，推销你自己。一个真正成功的职场精英，他一定要学会把自己的思想梳理得很有逻辑，并用很清晰的语言表达出来。"周鸿祎这段话虽然指的是所有的职场精英，但对于HRBP来说也一样适用。有效地影响他人，可以帮助HRBP在岗位上树立威信、打造自己的影响力。那么，有效地影响他人，具体又该如何做呢？在此我们就从汇报和说服两个方面为大家介绍一下。

■ 汇报抓重点

汇报工作是HRBP经常要做的一件事，包括向首席执行官汇报，向人力资源部门负责人汇报，向所服务的部门直线经理汇报等，分为口头汇报和书面汇报等。汇报的内容，一定要建立在分析、归纳和集中的基础上，找准问题、理出特点、肯定成绩，使汇报更有条理性、系统性，但想要做到这些，在汇报时就要抓重点。

那怎么才能抓住重点做好汇报呢？要分清汇报对象，HRBP的汇报对象，一般来说主要有以下"三个人"。

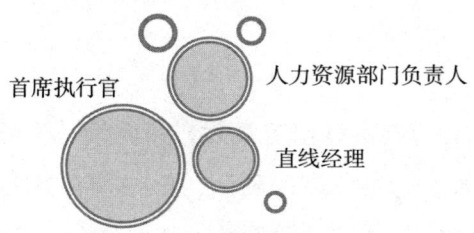

图5-2　HRBP汇报对象

1. 向首席执行官汇报

如果你作为HRBP，要直接向首席执行官汇报，那可见企业对HRBP的重视程度。而在向首席执行官汇报时，一般要相对概括，拣"重中之重"来说，也就是主要的方向。这一模式可以在各个公司中推行。

2. 向人力资源部门负责人汇报

在集中化程度高的职能部门中，HRBP通常要直接向人力资源部门负责人汇报。HRBP的配置是要贴近业务部门，直接向人力资源部门负责人汇报，势必会影响HRBP深入业务部门了解业务情况，因为人力资源部门的负责人也未必了解业务。但是HRBP要深入一线管理部门，与集团总部的关系可能会比较紧张，这在一定程度上又可能造成集团的政策或措施无法落地推行的潜在危险，所以此时向人力资源部门负责人直接汇报，则可以有效解决这一难题。

而在汇报时，HRBP也要抓住集团政策、措施无法落地的问题，重点向人力资源部门负责人进行汇报。

3. 向直线经理汇报

作为合作伙伴，HRBP也要向直线经理汇报。但需要注意的是，直线经理是方案的执行者和推动者，因此在汇报时，除了提供方案外，重点就是要说一下落实方案的措施。

■ 说服讲技巧

HRBP在深入分析并制订出方案后，目的就是为了要求业务部门落地执行，提升绩效，为企业带来利润。但往往在方案推行时却阻力重重，这时就要求HRBP有一定的说服能力了。

以前在各大卫视上经常会看到卖减肥药的广告，其实，如果你曾注意过，那么一个成功的减肥药营销就是一个非常完美的说服过程。基本上，卖减肥药的广告都是这样一个"套路"：

第一步，胖子样样难：找不到对象，找不到工作，找不到……（肥胖给生活带来困扰）

第二步，肥胖带来一身病：高血压，糖尿病，心脏病，脂肪肝，高

血脂……(肥胖致病)

第三步,好消息来了:美、英、日等世界顶级科学家研制出了特效减肥药……(能减肥了)

第四步,药后的效果出来了:两周减掉了20千克,效果太好了,曾经的胖子帅得要"炸"……(药效极好)

第五步,减肥药正在搞优惠活动:优惠力度超前,且错过了就再也没有了,这是最后机会了……(赶快行动)

怎么样,看过这"五步"之后,你有什么感觉:是不是马上捏捏身上的肉,哪怕并不胖,也想赶紧买来试一试。这就是减肥药的说服技巧。

其实,HRBP拿着自己的方案要求直线经理和一线员工配合推行时,也不妨采用这种方法,即采用"黄金五步法"。

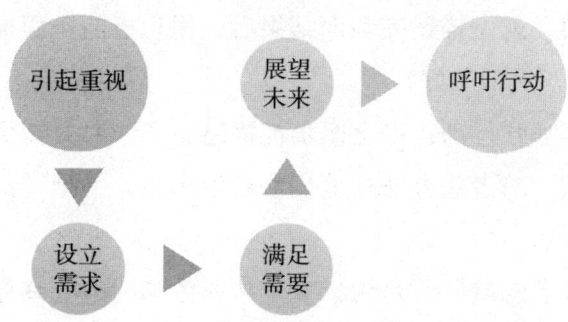

图5-3 说服"黄金五步法"

第一步,引起重视:借助数据、信息等分析找出问题,"唤醒"对方,并引起对方的重视。讲述问题的方法可以借助故事,也可以借助真实的事例等,获取对方认同。(找出"病")

第二步,设立需求:引起对方的重视、获得对方的认同后,不要马上提出解决的方案,而是要让他们知道必须要改变了,否则不但达不到任务目标,还很有可能面临被裁撤部门的危险。在说到这点时,

最好的办法就是用前面提到的最有说服力的数据来为观点助力。（这"病"危险，要治）

第三步，满足需要：在表达了必须做出改变之后，就要介绍自己的解决方案了。这个环节也可以借助一些实际的案例、数据等来做支撑。（我这里刚好有"药"）

第四步，展望未来：前三步可以说是在逻辑上说服，但是展望未来这一步就是在心理上打动对方了。告诉对方通过方案的执行，可以让问题得到怎样的解决，也就是将需求的欲望深深印入对方脑海中。接着便展望未来，将未来展望得越接近现实、越具体，最后达到的效果越好。在这个过程中，不妨从正面、反面以及正反两面的角度来说：正面，就是采用方案后带来的好的结果，注意要特别强调积极的一面；反面，描述不采用方案会带来的后果，要特别强调极为负面的结果；正反两面，就是描述完负面结果后，用积极的正面描述来形成鲜明的对比。（"药效"好）

第五步，呼吁行动：以上四步都描述完了，对方需要做什么了？直接告诉他们，或者想办法让他们自己说出来。（把"药"拿去赶紧吃了吧）

说服不是"忽悠"，是为了真正从业务部门的业绩提升出发进行的方案执行，说服成功，说明方案能够执行了。执行过程中不断加以复盘，让整套方案真正出成效，最终你的影响力、你的威信自然就树立起来了。

主动出击,寻求合作机会

长期以来,HR的定位都是业务部门的服务支持者,所以,即便HRBP以业务战略合作伙伴的角色参与到业务中,业务部门也很难摒弃以往的成见,难以把HRBP当成业务伙伴对待。所以,HRBP就必须要通过自己的一些行动主动出击,去赢取业务部门的信任,让他们相信你的方案对他们实施业务战略是有帮助的,或者更为确切一点儿,让他们清楚,在制订和执行业务战略的过程中,你是不可或缺的一位成员,这样才能慢慢地树立起自己在业务部门的影响力。不过想要主动出击,获取影响力,以下几点就需要做到。

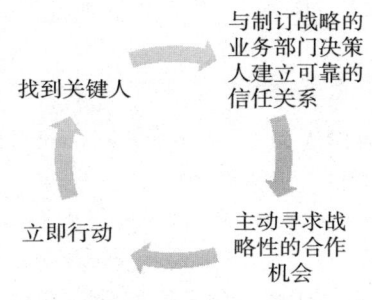

图5-4 主动出击,获取影响力

■ 找到关键人

HRBP想要顺利展开工作,没有业务部门的支持是不可能的,但你若一头扎进去想要跟他们搞好关系,打造你的个人影响力,又没有那么长时间,这时候又该怎么办?找到关键人就非常重要了。

何为关键人?业务部门的负责人是其一。得到了业务部门负责人的支持,后面不管遇到什么问题,他首先就会想到你,你的工作由此就顺利展开了。

影响力大的员工,也就是意见领袖,也是关键人之一。取得这类员工的支持,你在员工中的影响力基本就树立起来了。

找到关键人,又该如何影响他们,让他们支持自己呢?还需要做到以下几点。

图5-5 影响关键人

1. 知己知彼

所谓"知己知彼,百战不殆",在"拿下"关键人,让他来支持你时,首先你也需要对关键人做个详细的了解:对方的性格如何,习惯的沟通方式是什么等。

2. 要舍得

发现人力资源方面的问题,即便他们没有向你伸出援手,你也要主动且不计任何代价地去帮他们解决,满足他们多一些需求,这样才能得到他们的支持和信任。

3. 增强期望值

在与对方合作时,一定要记得合作前三次的效果必须要超出对方的期望值,比如对方想要招聘一个合格的销售人员,而你用同等的价位招到了业务精英,一上手就出单。这样的做法更容易获得信任。

当然,了解对方的需求、体现你的专业度也是必不可少的。

第五章　有影响力的HRBP才能让人信服

■ 与制订战略的业务部门决策人建立可靠的信任关系

张先生被集团领导派往业务一部，协助该业务部经理将整个部门的业绩提上去。张先生深知自己不是业务出身，一身上下仅有HR的专业知识，为了早日与业务一部的经理和员工融到一起，张先生每天都要花费大量的时间去了解业务知识。他本以为完全可以和业务经理以及业务人员携手探讨了，也信心满满地认为自己完全可以做好业务合作伙伴的角色，谁知，第一次参加业务部会议时，就遭遇了冷场和其他人的嘲讽，业务部经理更是坐在一边默然不语。

后来张先生向同为HRBP的朋友诉苦，朋友告诉他，想要快速与业务人员融到一起，首先要搞定业务部门的战略决策人，并与他建立可靠的信任关系，因为只有这样，才能让他在制订战略决策时首先想到还有HRBP，才能让HRBP在业务战略决策桌上争取到一席之地。张先生听取了朋友的建议，并最终成功获得了业务部门人员的信任。

那张先生又是怎么做到的呢？很简单，他就是将业务部门战略决策人作为了自己在业务知识方面的"导师"，并且在工作甚至在生活中，不断寻求与其面谈的机会。就在这样的一来二去中，张先生获得了业务部门战略决策人的信任，并在他的带领下，张先生终于有了与业务部门探讨业务战略问题的机会。

当然，仅是寻求面谈机会，将对方当作"导师"，也不一定就能获得他的信任，还要注意以下两点：

首先，少些承诺，多些行动。对业务部门战略决策人以及业务人员提出的要求，要以最快速度、最低成本完成，并且与公司价值观所要求的行为要保持一致。

其次，在敏感问题上尽量保持沉默，聆听业务部门人员的建议。但是对不认同的观点和解决方案要坚决说"不"，并提出自己的解决方案。

■ 主动寻求战略性的合作机会

这里再说说张先生刚到业务部门时的一个工作事例。一天，业务部经理给了张先生一份业务部门HR问题的解决方案，让他帮忙落实。张先生认为这是一个很好展现自己能力的机会，于是没经过任何的分析判断，第一时间就去帮助业务部经理落实这个方案。方案很快落实了，但一周的时间没过，一个很大的问题就浮出来了：其中一个环节，人力根本无法完成，必须借助机械；但是要用到机械，就必须要投入上百万元的资金。为此，这一方案不得不被终止，而张先生也因此受到了业务部门以及上层领导的质疑。

为什么张先生很积极地帮助业务部经理落实方案，最终却还是落得一身的不是呢？其实就在于他没有尽到一个HRBP该尽的责任。就以这个事例为例来说一下。

业务部经理在找张先生落实HR问题的解决方案时，不能不加以分析判断就对他的方案表示认同，更不能直接去落实，对于HR问题，还是张先生更为专业。因此，在接到业务部经理交给他的解决方案时，张先生首先要向他了解以下这些问题：

业务部经理希望这个解决方案能解决哪些业务战略上的困难？

这个方案要求员工要做出什么样的配合？

目前，员工的哪些表现与被期待的还存在一定的差距？

这些问题弄清楚之后，也还是不能直接就肯定他的方案，还要深入一线去做调研，与员工去沟通，从而分析判断是不是实际工作中的确存在业务战略执行不到位的问题，业务经理提出的解决方案是不是真的能够解决这些问题。

通过调研，结果可能如业务部经理所说的一样，但并不用担心，毕竟由此证明了业务部经理所提方案的正确性，可以适时对他表示肯定和赞扬，不仅精于业务知识，在HR方面也有着自己独到的见解。不过更多时候，业务部经理的解决方案可能会存在或多或少的问题，此时HRBP出手调研分析判断后，就要提出更能帮助解决业务战略问题的方案。而这个过程也是HRBP主动寻求战略性合作的一个机会，并且从一开始便参与进来，这样在以后的各项有关问题上，业务部经理以及业务部人员便能第一时间想到HRBP的支持。

■ 立即行动

立即行动放在任何地方都实用，HRBP也是一样，一旦业务战略被制订了出来，HRBP就要马上整合资源，为落实业务战略提供支持。

一方面，HRBP要整合业务部门的资源，为业务战略的落实提供组织、人才、培训、激励和引导方面的支持。

对于组织，主要体现在新的业务目标的实施初期，HRBP要以员工对业务目标的理解程度、认同程度、支持程度为主题，来组织员工调研及访谈等活动，从中了解员工对业务目标的认识程度。得出结果要及时与业务部经理沟通，并制订和执行相应的计划来改变这种现状。

对于人才，业务目标制订后，现有的人才配置是不是合理，多了还是少了，HRBP就要对比业务目标对人才的需求，和现有的人才构建做个对比，合理配置。

对于培训，HRBP要引导业务部门针对业务目标的前景、要求以及相应的业务知识等，对员工进行培训。

对于激励、引导，HRBP要制订相应的绩效考核标准，以此激励并引导员工向着新的业务目标方向发展，并通过设置特殊的奖励机制等来激励员工勇于向新的机遇挑战。

另一方面，HRBP还需要HR专家中心及共享服务中心为业务战略的落实提供支持。作为业务部门与HR部门之间沟通的桥梁，HRBP必须要确保HR部门的其他员工能够理解业务目标，并理解HR解决方案与完成目标之间的联系。

此外，在落实业务战略时，HRBP还需要细致洞察员工在具体项目上的态度，要善于发现对战略落实能发挥关键作用的关键人员，并想办法得到这些关键人员在战略落实上的支持。

HRBP脚下的路毕竟还充满荆棘，因此必须通过自身的专业知识、业务知识等，努力做到以上几点，争取早日在业务部门树立一定的影响力。

培养领导力，获取可持续的影响力

著名企业管理专家胡一夫表示，人与人的交往，常常是影响力之间的较量，只有具有卓越影响力的人才能成为真正的强者，才有可能成功。HRBP需要有卓越的影响力，不但有，还得是持续的。因此，HRBP还需要在工作中，不断地培养自己的领导力。

什么是领导力呢？说白了，就是带领团队达成目标过程中所展现出来的影响力。那如何培养领导力呢？接下来就让我们来了解一下影响领导力的三个维度以及培养领导力的方法。

■ 影响领导力的三个维度

领导力有三个影响因素，也是影响领导力的三个维度，即权力、魅力和情境。可以用一个公式揭示它们之间的关系：领导力＝（权力+魅力)×情境。

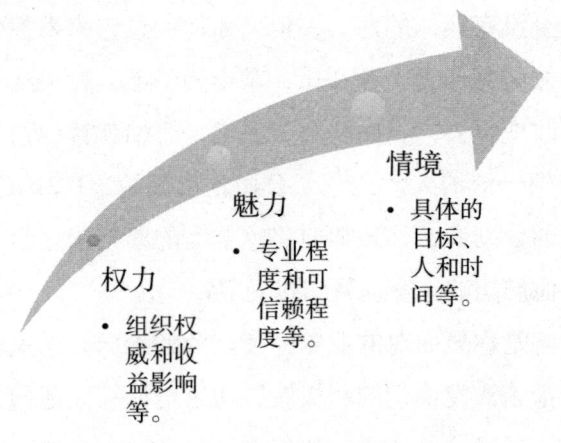

图5-6 影响领导力三因素

1. 权力

在不少组织中都能看到这样的现象：某人没有领导力，但却可以影响他人，这就是背后有组织背书的原因。其实HRBP也可以有这样的组织背书，比如高层领导的支持，若能够在业务部门直接下达命令，让HRBP融入战略的决策中、融入方案的制订中，那HRBP自身就带有一定的影响力了。

收益影响，指的不单单是经济上的收入，更是广义的收益，比如没办法为员工升职加薪时，却可以改善工作环境。当然，作为HRBP，完全可以直接从升职加薪方面来影响员工。

2. 魅力

HRBP的专业程度主要体现在HR方面，但这并不影响自身带领业务部门的共同进步。因为在业务目标下，必然需要有人去完成，而这些人才的选拔、去留等，都要有HRBP的合理规划在前。

可信赖程度这点，就要看HRBP的专业能力能发挥多大的效用了，同时在日常的为人处世方面能不能做到言出必行等。

3. 情境

目标，本身没有具体的意义，但又如何通过它来发挥领导力呢？其实在此我们不妨将其作为一种文化，举个例子吧，如果当初乔布斯制订的目标不是"改变世界"，而是解决温饱，恐怕就算他再怎么有强大的磁场也难以带领一流的人才让苹果公司走出困境。HRBP就要考虑了，作为战略落地的协助者，你该如何将这个大的愿景描述给业务部的每一位成员，并让他们能够完全理解和接受呢？

人，无非就是你要面对的业务经理、业务人员，这里就需要通过一些有效的激励措施激发他们的积极性，通过培训等让他们在职位上能发挥最大的价值，通过这些举措让他们真正体会到自身的价值所在，而这些价值是你带给他们的！

时间，不管是你的专业能力，还是对业务的理解能力，抑或是解决问题的敏锐性等，都需要时间来验证和沉淀。

将以上三个维度做好了，那么你会成为一个正直、懂得取舍、专业、公平、靠谱的HRBP。而这样的一个人，又怎么不会在伙伴面前树立起领导形象，建立起一种持续的影响力呢？

■ 培养领导力的方法

通过上面对影响领导力三个维度的分析，我们也可以分析出以下培养领导力的几大方法。

第五章 有影响力的HRBP才能让人信服

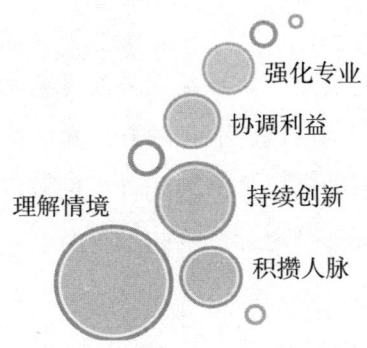

图5-7 培养领导力的方法

1. 理解情境

领导力的由来必须要有具体的情境。比如航空航天科研工作者在他的专业领域内可能具有领导力,但是在餐饮服务行业可能就只有被服务的可能了;比如建筑工程师在建筑领域可能领导力非凡,但是对物流行业可能就一窍不通了。因此,想要构筑领导力,首先就要理解情境。

首先,要强调共识。强调共识要先弄清楚三个问题:我们是什么人?我们的处境如何?我们的目标是什么?如果这三点弄不清楚,就毫无领导力可言。不管什么时候,想要构筑影响力,就要不断强调共识。回到HRBP上来,你要影响设计研发人员,因为只有真正符合市场的产品才能被大家接受;你要影响产品经理、一线生产工人,因为只有一流的产品才能被大家喜欢;你要影响业务经理、一线业务人员,因为只有将产品卖出去,才能换来公司的发展……HRBP可能身处不同事业部,但是不管在哪个部门,都要清楚以上三点:什么人、处境如何、目标是什么,并不断向携手的各位合作伙伴强调,最终达成共识。

其次,凝聚共识。凝聚共识最好的办法就是借助企业文化。如果在新的目标下,企业文化不能支持,那可以由目标提炼概念,注入信心,让其有感召力。比如"新能源""智能机器人"等。

2. 强化专业

真正要懂业务，就要专业，开始的时候可能仅是了解一些业务的皮毛知识，但是随着时间的推进，业务的方方面面都要了解，都要触及。比如产品的包装、细节的设计等，都要有意见参与。但是想要意见有力度，首先就要持续不断地学习，让自己不断向更专业迈进，这样才能构筑专业、懂行的领导力。

3. 协调利益

需要加班，需要"救火队员"，需要有人承担责任……这些问题会不断出现在HRBP面前。但是面对这些问题时，又该找哪些人来做这些事？这中间的利益分配又该如何保证在公平、牺牲的基础上，让每个人都信服？这就需要HRBP衡量协调了。公平，要建立在客观以及稳定可预期的基础上；牺牲，则是在权衡利弊后寻求长期超额收益的行为，并不是白白牺牲。

4. 持续创新

效仿别人、听从上层领导的安排行事，必然难以塑造领导力。尤其是HRBP，在实际工作中，要不断地面对新的问题，此时就要求能保持持续创新的精神，不断挖掘潜在的资源，制订更优化的资源配置方案，并且要善于发现新机会、新方法，这就需要HRBP有试错的勇气。

5. 积攒人脉

人脉对HRBP非常重要，这是一个需要大量沟通协调的工作，需要他人来配合你的方案完成目标的工作，如果没有人脉铺垫，很难顺利开展工作。当然这个人脉的积攒，首先要建立在个人能力上，要真正帮助业务解决问题、提升绩效。同时在团队需要有人做出牺牲时，HRBP要经过衡量之后，尽量主动来做那个愿意牺牲短期利益的人。当然，人脉的积攒还需要时间，短时间内必然看不到什么效果，HRBP还需要有耐心和信心。

影响他人说起来简单，但事实上是要经过不断的实践，慢慢塑造起来的。所以HRBP不要为短时间内的挫折颓丧，还要从长远上构筑领导力、提升影响力。

提升组织能力，展现HRBP的价值

前面说过了，HRBP要与业务战略决策负责人建立可靠的信任关系，此时才会真正开始参与到变革和创新工作的实施当中。而通过不断的实战和实践，HRBP会有更多的机会加强自己在业务方面的能力培养和施展。但是HRBP若想具备一定的话语权，引领并推动组织的变革，就需要将自己的价值真正体现出来，让大家真真切切看到由你带来的实效。腾讯上海人力资源中心总监（HRBP）郑芳认为：提升组织能力，是真正体现HRBP价值的地方。所以，想要让大家真切地看到你所带来的价值，在大家面前展现你的能力，并借机提升个人影响力，那就少不了提升组织能力。

到底什么是组织能力，又该如何提升呢？接下来我们就具体看一下。

■ 什么是组织能力

什么是组织能力呢？这里可不是指的个人能力，而是一个团队所能发挥出的整体战斗力，是一个团队在某些方面能够明显超越竞争对手，并为客户创造价值的能力。

人力资源实战派讲师杨国安教授认为，合适的组织能力以及正确的战略是企业获得成功的两大关键因素。正确的战略这一点很好理解，但是合适的组织能力可能就让人费解了,怎么才能让组织能力合适呢?这就需要以下三个关键因素来做支撑。

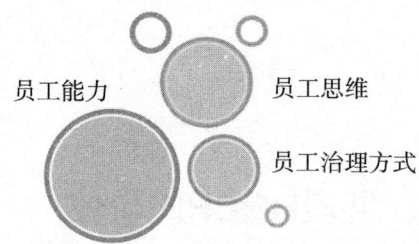

图5-8 组织能力的三个关键因素

1. 员工能力

员工能力指的是公司的全体员工,这里面包括公司的高层管理团队以及中层领导者,必须要具备实施企业战略的能力,还需要具备打造所需组织能力的相关知识、技能以及素质。而HRBP作为公司员工的一分子,自然也应该具备这些能力。

阿里巴巴在对组织进行能力的打造时,总结了三句话,其中一句就是针对员工能力来说的,是"长到一块"。什么意思呢?就是要让所有的构建都对了,比如一个团队里的人,一定要相互配合,就是要都是对的人。就像马云说的那样,"别把飞机引擎装在拖拉机上",每个人的能力是不一样的,要把合适的人放在合适的位子上。

2. 员工思维

员工思维要求公司全体员工在工作中关注的事情,一定要与公司所需的组织能力相匹配,才能促进公司的发展。

在组织能力的打造上,阿里巴巴同样也有一句话来说员工思维,就是"想到一块"。意思就是通过企业文化、价值观来进行团队建设,营造团队工作氛围等。

3. 员工治理方式

要让全体员工都能充分发挥自己的所长,公司就要提供有效的管理支持以及资源。

阿里巴巴对员工治理方式，就是要"做到一块"。比如阿里巴巴的薪酬福利制度一般都是全体员工获益，认为这样可以让每一个员工都紧紧和公司捆绑在一起，尤其是对关键人才，更是要强调"我的就是你的，你的就是我的"。

■ 组织能力的提升方法

以上了解了什么是组织能力，那么又该如何提升组织能力呢？接下来，我们还是来看看腾讯上海人力资源中心总监（HRBP）郑芳是怎么说的。

郑芳说，提升组织能力，就要做到以下三点。

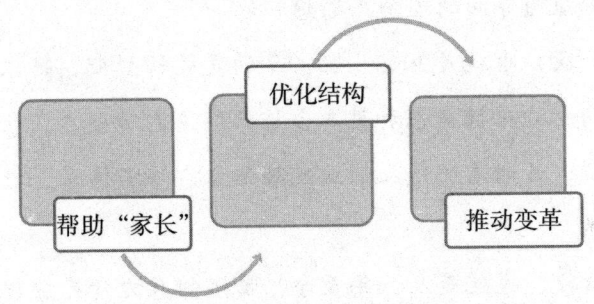

图5-9　提升组织能力三要素

1. 帮助"家长"

何谓"家长"呢？郑芳给出的解释是业务部门的管理者。她说现在的业务部门的管理者一般都相对年轻，管理上并不见得有多少经验。面对这样的管理者，郑芳认为，HRBP就需要从组织能力的角度，从行为的层面去给予他们一些合理的建议和管理提示。

比如HRBP在实际工作中，就可以洞察一下事业部的各位管理者，看他们是不是在使员工在降低整体劳动力成本的基础上提升了企业的价值，如果没有，HRBP就要帮助其不断提升员工能力以及个体产出，控制好人员规模的增长，实现人均效率与效益的提升。

2. 优化结构

优化结构就是根据业务发展的不同阶段，对组织进行调整。比如前期可以先做虚拟的组织架构，等成熟准备落地时，再成立实体组织，并且在这个过程中，要不断地反复调研分析，必要的时候要将一些不必要的组织撤掉。

就拿腾讯人力资源发展来说吧。腾讯的人力资源发展经历了三个阶段：

第一个阶段是1998—2003年，是人力资源管理的建立期。这个阶段的人力资源管理组织结构主要是以职能为导向，但是管理理念中却已经有了以客户价值为导向的理念与思想。

第二个阶段，也就是2003—2009年的发展转型期，腾讯人力资源管理从职能导向向战略性角色和员工合作伙伴角色转型。在此时，腾讯成立了腾讯学院，开始着力建立职业发展体系、培训体系，进行企业文化的优化与变革。

第三个阶段，也就是2009年至今，腾讯的人力资源管理新型的组织结构就建立了。人力资源管理工作开始融汇公司战略，推动组织变革，提供专业、快捷的人力资源服务，还能高效地支持一线业务的人力资源工作，由此也建立了人力资源专家线、人力资源共享中心和人力资源业务合作伙伴这"三大支柱"。

但是在优化结构的过程中，腾讯始终没有忘记最初的企业文化，那就是员工为企业的第一财富。马化腾说："业务和资金都不是最重要的，只有人才是最不可轻易替代的。"这点也是各大企业以及HRBP可以借鉴的地方。

3. 推动变革

随着竞争的不断加剧，很多企业，包括一些大型企业集团，都开始着手对组织进行业务重组、并购，不仅在企业内部，就是外部也一样在不断发生着重组、并购等这样的"大戏"。比如58同城与赶集网的强强联手，还有美团与大众点评的合并，以及吉利集团对沃尔沃的并购等，都让大家看到了现今竞争环境的惨烈以及重组、并购的必要性。

而不管是企业内部的重组，还是外部的重组、并购等，HRBP在这个过程中都要体现出自身的价值。

在重组、并购前，HRBP需要根据市场各个方面的因素，提前对风险因素进行分析预测，并做好调查分类工作，为组织决策者提供正确的决策支持。同时，还要事先对人才数量结构进行梳理，以提前做好关键人才的识别和育留等工作。

在重组、并购中，组织间的企业文化融合、植入，人才的动荡等，都需要HRBP高度重视。因为无论是企业内部的重组，还是外部的重组、并购，在业务模式、管理理念上都会存在一定程度的不同，难免在实际操作中产生摩擦。此时HRBP就要针对这些问题进行文化融合，提供一种能让大家都"顺心"的模式和操作方式。同时，组织的变动势必会引起人才的动荡，HRBP此时就要最大限度地留住人才，并提升组织效能，确保组织业务发展的稳定性。

在重组、并购后，HRBP就要将工作重心放于如何优化组织的人才结构、人才培养体系以及品牌的建立和强化上了。

当然，在这个过程中，一些工具是必需的，比如风险分类、目标管理、企业素质与活力分析等。这一点也是考验HRBP对专业知识的把握。

通过以上的叙述，想必作为HRBP的你已经知道如何提升组织能力了。如果你在工作中还没有一定的影响力，那就从提升组织能力开始做起吧。

第六章
做好团队管理，与业务部门负责人一起排兵布阵

HRBP要协助业务部门负责人将团队建设运作好，就要了解业务部门每个人的优缺点，相互间取长补短、优势互补，并通过一定途径培养团队的凝聚力、向心力，通过企业文化的管理让业务部门的每个人都有一种"整体"意识。而想要做到这些，HRBP就需要具备团队管理能力，要了解团队中每个人的强项与优势，这样在组建团队时，才能有效地将不同的人搭配在一起，形成组合优势，做好排兵布阵的工作。

学会了"聚焦",就学会了带团队

常年在人力资源部门做职能工作,刚一转到事业部携手直线经理一起排兵布阵,势必会给HRBP带来不小的压力。但困难归困难,HRBP终归是被派驻到各事业部的人力资源管理者,自身就带有管理者的光环,因此,在工作中就必须要学会如何带团队。到底该怎么带?你还得学会"聚焦"。

何谓"聚焦"呢?也就是将关注点放于某个点上,针对这个点进行策略方案的铺陈。具体来说,要从以下几个方面去聚焦。

图6-1 聚焦的几个方面

■ 聚焦流程

聚焦流程也就是前面我们说过的业务流程,在此不再叙述。接下来就具体说说其他几点。

■ 聚焦问题

之所以给事业部安排HRBP,就是因为部门存在一定的问题。因此，在熟悉业务流程之后，HRBP接下来的任务就要将关注点放于部门的问题上，且需要从以下两个方面来具体展开工作。

图6-2 聚焦问题

1. 找问题

之所以给事业部安排HRBP，就是为了不断发现问题、解决问题，以便能优化团队的运转，让效率提升。但对业务并不是特别精通的HRBP来说，又该怎么找到其中存在的问题呢？

首先就要深入一线，跟着业务人员实地跑几次业务，然后可能就会发现其中存在的问题。当然，想要通过几次跑业务就能找出问题，还要HRBP观察力必须非常强。

其次就是通过与团队成员分别聊天，从聊天的内容中收集到团队存在的问题。这种办法更为直接，因为不管是部门经理，还是部门成员，他们眼中有很多的问题清单。这些问题可能是实际存在的，当然也可能是没有的，这点还需要HRBP自己辨别。

2. 找解决方案

找到问题后，就要为这些问题提供有效的解决方案。HRBP最初在给方案时，往往对终极方案拿不准，此时不妨通过排优先级的方法，找到最为重要的问题，然后给出优化方案；接着考虑其他的问题，依然通过排优先级的方法来逐步解决。当然，在找解决方案时，要以团队的整体情况为基础进行考虑,不宜太快,慢慢地、一点点地让解决方案融入日常工作中即可。

■ 聚焦目标

在梳理了业务流程以及面临的问题后,接下来就要将目光聚焦于团队的目标上,因为团队的目标才是团队开展工作的前提。聚焦目标需要关注以下几个问题。

图6-3 聚焦目标关注的问题

1. 业绩指标

每个团队都有自己的业绩指标,且是一个整体的要求。HRBP要协助直线经理做的就是,将这个整体指标要求拆解到团队的日常工作中,拆解到典型的工作流程中。

2. 团队氛围

搞好整个团队的工作氛围也是团队目标之一。每个团队都有自己独特的氛围,但是这个氛围很大程度上是由团队领导者决定的,这种团队氛围最终会影响我们的行事风格,因此该营造出怎样的一种团队氛围,显得尤为重要。

马女士被派到销售部协助销售经理解决存在的一些问题,其中一个就是大家在工作中经常会觉得非常累,这种累的感觉不断地传递到工作中,致使工作效率大打折扣。马女士在这方面有一定的经验,她首先和销售部经理一起,在繁忙的工作之余设置了一些游戏性的小活动,当然,这些游戏非常强调相互间的协作性,同时根据最终的结果还设置了一定的奖励。如此连续开展了三次之后,再看整个团队的氛围,明显比以往好了很多,大家在上班期间相互间的配合更多,气氛更融洽、更轻松了。

其实,好的团队氛围可以让团队成员之间像朋友一样相处,而工作不过是大家相处的一种媒介而已。在这种氛围中,大家更多的是包容、是配合、是共同成长,少了压力等负面情绪的牵绊,工作起来更为轻松,业绩也相应提升了很大一截。

3. 与其他团队的关系

几乎所有的工作都不是单兵作战,都需要多个部门协同完成。HRBP也需要注意这点,因此在携手直线经理带团队时,要注意搞好本团队与其他团队间的关系。搞好与其他团队的关系,要做好两个方面。

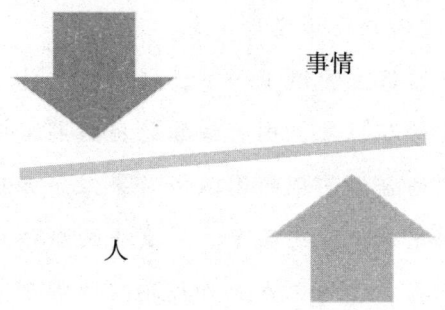

图6-4 搞好与其他团队关系的两个方面

人,指的就是其他团队的领导。与其他团队领导搞好关系,首先要做到相互尊重,在此基础上,工作之余可以一起组织活动,以加深感情。

事情,指的就是团队间的合作。只要涉及团队合作的部分,一定要多站在对方的角度去考虑问题,提出的解决方案也一定是双赢的。

4. 团队成员的发展

团队目标中含有一项非常重要的内容,那就是团队成员的发展。任何一个在职场中的人都有一个向上发展、精进成长的欲望，因此，平时并不只是考虑他们完成自己的工作，更多的是要考虑他们的发展。在此基础上，就要将最合适的人放在最合适的位置上，并且形成一定的梯队培养体系，给团队成员提供晋升的机会。

■ 聚焦成员

上例说到的马女士是个经验很丰富的人力资源高手，做HRBP后，对于一些人力资源方面的问题很快能轻松化解。在将整个团队的工作氛围调动起来以后，新的问题又逐渐显现出来了，这就是其中一个销售团队的成员总与主管出现矛盾。经过调查分析，马女士发现做主管的人业务能力非常强，但是却缺乏管理的方法。

后来马女士找这位主管谈了一下，让他将工作重心还是放在业务上，工资按照主管的职位发，同时该拿的提成照发不误，但是主管的职务由另外一位更适合做管理的团队成员来做。开始时，这位主管觉得从主管的位置上下来很没有面子。马女士又帮他分析了利弊，说他的优势是业务，但在主管的位置上却被琐碎的管理责任给束缚住了，且工作很不顺心；再者，重新做回业务，不但是回归到了他的强项上，而且薪酬还可能要比主管高出很多。后来该主管去做业务了，另一位成员被提到了管理的岗位上。大家依然一团和气，业绩也是蒸蒸日上。

带团队就要了解每个团队成员的特点，了解他们擅长什么、不擅长什么，了解他们做事的风格、方式，了解之后便可以将他们放在最合适的位置上，发挥他们最大的优势，这样才能不断地推动团队向前。

了解团队成员，可以通过以下三条途径实现。

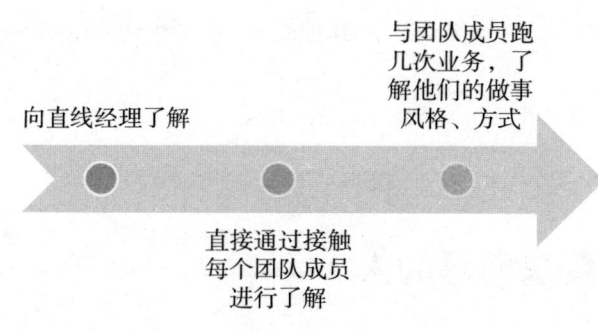

图6-5 了解团队成员的途径

在通过不同途径对每个人进行了解后,还要将各方面了解的结果进行汇总,梳理出每个人的特点、做事风格、擅长与不擅长的事情等,做成清单,便于日后工作安排,同时也更清楚每个人都适合在什么位置上。

■ 聚焦定位

定位指的是团队成员的定位,在清楚每个团队成员的特点后,要给他们放在最合适的位置上去,这就是帮他们找到了属于他们自己的定位。但是这个过程并不容易,还需要从以下几点来弄清楚。

首先,弄清楚团队到底有哪些岗位,每个岗位需要什么样的人。

其次,将团队现有成员与所需岗位进行匹配,看有哪些人合适,这就是将合适的人放在合适的位置上。

再次,如果没有合适岗位的人选,接下来又该怎么办,是引导现有的成员做一定的改变,以适应岗位需求,还是注入新鲜血液?这个问题就需要从整体去考虑了,比如公司的成本问题,是由内部培训提拔成本更低,还是注入新鲜血液更经济。

最后,团队成员以及团队目标是动态变化的,这个过程要求HRBP

要不断地观察、不断地优化，以确保整个部门的业绩在动态变化中依然能稳步提升。

培养善于解决问题的人

HRBP如果非得要逼着自己精通各种业务，那你永远也学不完业务。作为一个携手直线经理的管理者，你要懂得培养善于解决问题的人，而不是事事亲力亲为，如果那样的话，你就不是HRBP，而是一个地地道道的业务员了。

到底该怎么培养善于解决问题的人呢？我们先来看看下面这个案例。

哈维斯被老板安排到了销售部做HRBP，以协助销售部经理找出问题、解决问题，帮助公司多创造效益。但是谁承想，哈维斯了解业务还不到半个月时间，销售部经理就毫无任何征兆地辞职了，就连平日里经常与他打交道的哈维斯本人都没有发现一丝的迹象。这一点非常不符合常理，没有提前交辞呈，没有任何的征兆，他已经找到了下家。但毕竟发生了，甚至下家还为这位经理赔付了高额的竞业限制违约金。然而经理的位置不能空着，在没有找到适合的人选之前，老板指认哈维斯直接接手销售部门经理的工作。

可是问题马上就来了，第一天，哈维斯发现，销售部新成立的两个小组还没制订销售目标，其他小组虽然有目标，但因为人员不齐整，目标的完成遥遥无期，有几个大客户甚至由老板亲自跟进处理。看着一团糟的销售部，又看着已经焦头烂额的老板，哈维斯不得不沉下心来准备将所有问题慢慢理顺。但终归不是业务出身，他根本找不到理顺的入

第六章 做好团队管理，与业务部门负责人一起排兵布阵

口，最后还是在老板的帮助下，经过了一个多星期的时间才算理顺。

然而，曾经在销售部的那半个月的业务学习，也不过只是皮毛而已，真正用到销售团队的实际工作中，完全没用：各个销售小组的客户情况，哈维斯不清楚；该给各销售小组制订销售目标，哈维斯拿不准；重点客户的直接对接，哈维斯依然做不到。在决策会议上，当团队中每个成员都大眼瞪小眼地等着哈维斯拿出决策时，哈维斯深深意识到了自身有太多的不足。

在一段时间的茫然过后，哈维斯悟到了一点：作为人力资源管理者，自己终究不是销售或生产方面的专家，永远都不可能像专业的生产部经理和销售部经理那样精通专业领域的业务。自己要懂业务，却不是要自己去从事业务，而是设身处地地理解团队以及运作情况，要站在整个团队的基础上看问题。

于是哈维斯开始与整个销售团队成员打交道，了解他们的思维，关注他们关注的问题，慢慢地，他看到了销售团队成员的豪放、野性以及以客户为导向的思维。哈维斯从此蜕变了，没有了以往的斯文、按部就班，也没有了对计划和步骤的强调，而是从满足善变的客户出发，真正开启了主掌销售团队的第一步。

哈维斯又回到了不懂业务的状态，但是他的工作开展起来却显得自如多了，他虽然对整体业务算不上精通，但却了解公司的销售目标，明白这些目标是怎么设定出来的，还能够很自信地将这些目标拆解后分配下去。同时哈维斯也非常清楚销售团队的实际能力与状况，如果销售没有达到预定的目标，哈维斯也能够找出其中的原因所在。

在携手直线经理开展工作时，HRBP的工作和哈维斯差不多，都是从对业务的一窍不通，慢慢学习并积累经验的。但是很多时候，你似乎觉得已经接近目标了，可是当伸手想要去触摸的时候，却发现还是那么远，这个过程是很痛苦的。就像对业务的了解，开始的时候，你可能觉

得什么都懂了、都通了,但到了实际要用的时候,发现要达到精通的程度,没有几年的时间根本做不到,但现实又不可能给你那么长的时间去学习。

哈维斯意识到,想要将自己的工作做好,就不能将自己变为一个真正的销售人员,且凡事不能亲力亲为,要培养善于解决问题的人。

哈维斯在发现工作中出现的问题之后,开始有意识地培养员工想办法去解决。有时候他可能会给员工提供一些解决问题的思路,有时候他则是将问题直接甩给员工,让他们自己去想办法。在这个过程中,有些解决问题的办法可能看起来很笨,但只要最终能解决问题,哈维斯就不去干涉;有些方法可能并没有将问题解决,哈维斯就引导员工找其他的方法,而不是为问题没能解决找原因、问责任,一个方法行不通,马上就换其他方法,并且还不断地鼓励员工多谈哪个方法更有效,为此哈维斯经常跟员工说要"向前看",要多问自己"怎么办",而不是"为什么";如果哈维斯自己发现了有效的方法,他则会马上将这一方法告诉员工。

解决问题的方法基本上都由员工自己来想了,那么哈维斯又做了些什么呢?

哈维斯为了激发员工的工作积极性,并更好地发挥员工的创造性,创建了舒适的工作环境,并及时了解员工的情绪,一旦发现有一些负面的情绪出现时,他就马上引导员工从积极的角度去看待问题。为了减轻员工的工作压力和对工作的抵触情绪,他将员工的目标都分解成了一个个具体的小动作,让目标更显得清晰有效。在员工实在没办法实现目标时,哈维斯甚至还动用自己的资源,帮助员工达成目标。

就在这样的引导和培养下,哈维斯将HRBP以及销售经理的工作做得风生水起,部门的业绩目标几乎每次都超额很多。

所以,不妨学习哈维斯的做法,培养善于解决问题的人。

好的管理是无形的

HRBP在携手直线经理提升部门绩效时，很关键的一个任务就是培养员工的向心力、凝聚力。在这个过程中，有的HRBP通过自己提供的方案，帮助部门提升了绩效；但有的HRBP可能就适得其反了，越管越乱，不但绩效没能提升，人才的流动性还大为增加。那么，到底该如何携手直线经理进行团队的管理，提升团队的凝聚力呢？有道是"好的管理是无形的"，一些"无为而治"的管理方案或许能够帮到你。

■ 心灵管理法

因为公司上了新项目，需要在一个星期内推向市场，因此业务部的每个人都像上了发条似的，一个人恨不能分身成几个，但还是觉得工作做不完、做不好，为此不少人开始发牢骚，觉得"心情不好""很烦"，工作积极性明显下降。业务经理为了提升员工的积极性，保证在预期内将产品大量成功推向市场，找来HRBP窦先生，希望他能有一些好的办法，不但能让大家保持十足的干劲，最好还能帮助大家减减压。

已经有两年HRBP工作经验的窦先生，没有直接给业务经理提供一些方案，而是来到一线，与几个发牢骚的员工聊天。其中一个在工作之余还担心着家中由奶奶带着的刚满5个月的宝宝，而另一个则记挂着一个月后要发表的硕士论文，还有一个是预订的婚期因为新项目不得不改期。

窦先生跟每个人聊着天，耐心地听他们诉苦，最后表达了对他们的理解。但是又考虑到部门中的每个人都是不可替代的，同时相互间工作又不能帮忙分担，因此窦先生没在工作任务的安排上去考虑，而是针对他们不同的原因分别为他们做了"心理按摩"，疏导了他们的不良情绪。之后几天，虽然业务经理和窦先生都没有什么具体的管理措施，但几个人的情绪都稳定了下来，全身心地投入到了工作中。

在大的工作强度下，员工的心理压力会倍增，失眠、记忆力下降、情绪不稳定等问题都会不断显现出来，比如焦躁、忧虑、无端发脾气等。HRBP要捕捉员工的这些情绪反应，并及时给予适当的"心理按摩"。上例中的窦先生就很好地做到了这点，没有任何的管理措施，仅是与有情绪的员工聊聊天，听听他们的心声，便让其情绪平复下来了。

其实在世界500强企业中，至少有80%企业的都会定期给员工进行心理疏导。比如国内的红蜻蜓有"阳光咨询室"，康奈集团有"新温州人情感交流站"等，目的就是为员工减压疏导，调整心态。

心灵管理法非常简单，主要通过认真倾听、让员工适度宣泄以及真诚赞扬来达到目的。必要的情况下，可以聘用专业的心理咨询人员进行定期心理培训课，通过一些心情游戏疏导员工的不良心理压力，进而改善因此造成的低绩效以及负面影响。

■ 麻将管理法

海底捞的某基层员工总结说："用打麻将的状态去工作，你就成功了。打麻将的人，会提前约定好什么时候到场，什么时候散场。一般在开场前大家早早就到了，即便有人没到，其他人肯定会打电话不停地催；而到了快要散场的时间，其中一定有人会提议再多玩一会儿，尤其是输钱的家伙，是最多提议多玩的人，而赢的人呢，也不会抱着钱就跑，一定会继续多打几圈，没有抱怨。"

用打麻将的劲头、心态投入工作，想必业绩提升得会非常快。因

第六章　做好团队管理，与业务部门负责人一起排兵布阵

此，在团队管理中，HRBP也不妨与直线经理一起携手，采用这种麻将管理法。这种管理法也不是随便就可以用的，看似没有任何管理，但其实蕴含着一种外松内紧的"隐形"管理。

著名的阿芙精油护理品公司就采用了这种管理法。在中国拥有百家商场专柜的阿芙香薰护理品，隶属于漂网，招聘的职员大多数都是不被看好的"90后"，因为这一代人生活相对富裕，对工资没那么感兴趣，他们的关注点主要在自由、兴趣以及好玩上。然而，正是这样一群人，在工作中却尽心尽力，晚上九点还加班没走的有一大半，即便到了深夜，公司依然灯火通明，就算人不在办公室了，还依然在公司Q群里谈着与工作相关的事。之所以能激发出这样一群积极工作的人，靠的就是老板外松内紧的麻将管理法。

当然，外松内紧的运用也要得当，其方法也不妨学学漂网。

首先，打麻将体现了公平，漂网的奖励也公平。比如有时候当天销售额超出了预期，那么公司内部人人都能得到奖励；每周业绩创了新高，公司内部人人都有奖励……

其次，打麻将还是有运气在里面，而漂网在工作之余开展的奖励游戏中，也是悬念颇多，精彩纷呈。比如有通过飞镖赢奖金数额的，有通过拆红包赢奖金数额的，有竞猜的，也有拼创意的，就连一顿聚餐都会成为"美食比赛"，谁的美食最有创意，谁就能赢得最终的大奖。

最后，打麻将其实也挺辛苦的，一坐就是很长时间，这一点更是被漂网加以运用。漂网有"山库""国库"两个库，于是两个库之间每天都有竞技游戏，谁最快，谁每周得奖最多，谁差错为零……这些通过勤奋、认真体现出来的，都会转化成奖励落到职员手中，这些奖励可能是现金，可能是物质，也可能是马尔代夫度假。

当然，有效的管理方法，与企业自身的文化是分不开的，这种方法是不是能用好，还要HRBP和直线经理根据团队文化来合理安排。

阿里的"三板斧",你要拎得起

阿里巴巴是很早贯彻落实HRBP的企业之一,在阿里,HRBP被称为政委。而阿里的政委最初在一声令下离开熟悉的HR岗位转战去协助业务时,脸上也满是大大的问号,到底该怎么做?在痛苦的质疑、思考并不断学习求证中,最终逐渐明白了HRBP,也就是阿里的政委到底是做什么的,是如何做的。

阿里的一位政委在某次会谈交流时讲了自己刚转型时的经历。当时在学习如何做政委时他只看到几个词:闻味道,照镜子,揪头发。而这也正是阿里对政委要求的"三板斧",每个阿里的政委都需要做好这几点。

喜欢看小说或听评书的人一定知道程咬金,他的绝技"三板斧"想必大家也非常熟悉了,虽然只有三招,但招招致命。阿里的这"三板斧"也同样招招解决问题,所以,非常适合还在懵懂状态、不知如何进行团队管理的HRBP学习借鉴,并最终将这"三板斧"拎起来。但到底该怎么拎得起呢?我们就从"闻味道""照镜子""揪头发"这三个方面入手分析一下。

■ 闻味道

看到这个词,或许你会疑惑,这是要锻炼嗅觉吗?当然不是。每个组织都有自己的气场,作为团队的管理者,要对团队中的成员有敏感度和判断力。比如那些CEO们,如果到办公室去转一圈,基本就能发现哪些人不对,哪些人对,这就是"闻味道"。

就拿阿里来说吧,马云不会经常待在办公室里,很多时间他都在出差中,但他每次出差回来,第一件事肯定是将公司的所有办公室都转个遍,转完之后就跟每个直管的负责人交流各部门存在的问题。这些问题都是令各部门负责人猝不及防的,因为他们即便经常去办公室也不曾发现这些问题的存在,然而,马云只要转一圈,问题就一个个被揪出来了。

其实,这就是马云的管理天赋使然。当然,想要培养这点,也不是多难的事情。

每天早上到公司后,不要直接坐在位子上开始一天的工作,而是先到团队中去转转,用不了几分钟,但就是这短暂的时间,就能让你发现,谁经常迟到,谁没能快速投入工作,而谁又带着饱满的激情马上就进入了工作状态中……接着你再结合团队成员中各自的业绩表现,就能分析出一些原因来了。

在团队中转一圈之后,你还可以去旁听晨会,从晨会中,你可以观察每个团队成员脸上的表情、眼睛的神采,也能看出谁对待工作积极,谁还抱有消极的态度。

如此你多练上一练,就能练出敏锐且独特的"嗅觉"了,能够及时发现团队成员存在的问题。此时针对每个人的问题"逐个击破",进行约谈,接着问题基本就能消除了。

同时,通过这样的独特"嗅觉"还能帮助你识别人才,并了解团队中每个成员的强项和优势所在,判断出某人更适合放在什么位置上才能发挥他最大的优势,这对企业内部提拔人才是非常有效的。

■ 照镜子

大文学家苏东坡有个这样的故事:说有一天苏东坡和一位佛门弟子聊天,说到某人不好,而这位佛门弟子便对他说:"你看别人是什么,那你就是什么。你看别人是坨屎,你就是坨屎;你看别人是朵花,你就是朵花。"照镜子就是这个道理,可以通过下属、同事或老板来观照自己,就能看出自己是什么样的人。因为团队本身所存在的状态,就是你的状态写照,你一定和你的团队是一样的。所以,你看到的团队存在的问题也正是你自身存在的问题,而团队存在的诸多令你不满的地方,也正是你自身存在的不足之处。

这点与家长对孩子的教育也一样。家长每天都吵吵嚷嚷,让孩子认真写作业,但自己在说这句话的时候却在目不转睛地盯着电视、盯着手机。此时的孩子内心自然是不服的:你自己在看电视、看手机,凭什么不让我看?

所以,HRBP在带领团队时,首先要从自身开启严要求。

目标一旦设定,就向着目标方向不断前行,要拿出十足的执行力去执行,不能将目标当成被架空的摆设。这样可以给团队成员树立一个执行力强的榜样。

时刻保持清醒的头脑,即便你的下属每天都在对你笑,都在夸赞你的智慧,但要记住,你是他们的领导,但这并不代表你就真的比他们强。这让团队成员间也都能清醒地知道自己该做什么。

上层的战略存在问题时,你要及时提出来,否则明知道有问题,你还只是对上层保持笑脸相迎,且让团队成员照搬坚持,这不仅仅是你个人纠结和痛苦的问题,背道相驰的努力,早晚有一天会崩盘,而且真到了那一天时,老板以及各部门领导首先要追究你的责任。要让上层和下属以及同事不断地将问题爆出来,这样就可以及时解决问题了。

揪头发

揪头发的意思就是将你自己假设到比你现在的位置高一个级别的位置上，甚至更高的位置上，比如副总裁，接着就将自己当成是那个位置上的领导，并从这个角度去想一些问题该怎么解决。很多时候，困扰你很长时间的问题，经过这样"揪头发"的假设，就突然柳暗花明、豁然开朗了。

尤其是HRBP在管理平行部门领导的时候，更要多采用这种想问题的方法，否则你很难在这部分人中形成影响力。都是一个级别的，没有几把刷子，凭什么让他们信服于你呢？

复盘：回顾→反思→探究→提升

复盘很重要。想想做成一件事有哪些是偶然因素，别以为是自己的本事。尤其是失败后，要血淋淋地解剖自己，不留任何情面地总结自己的不足。这样，你的能力自然会不断提高。

——柳传志

复盘是围棋中的术语，指的是下完一盘棋后，将所有棋子撤走，再按照刚才下的方法重新摆一遍，一边摆一边讲解。

在联想，"复盘"是重要的管理秘诀，也是企业文化中的重要方法论之一，是指工作做完后再重新回顾一遍，目的是不断检验和校正目标，并不断加以改进，不断分析过程中的得失，不断深化认识和总结规律。这种工作方法从柳传志时代一直延续至今，已经成为联想内部的一个标志性方法。

在联想，复盘分为以下四步。

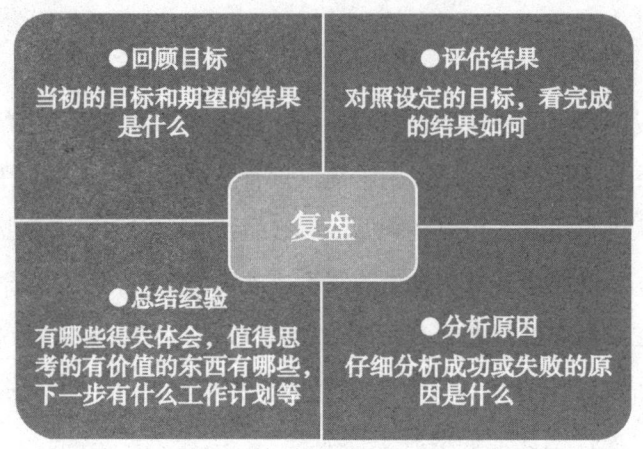

图6-6 联想的复盘方法

作为HRBP，在团队管理中就可以借鉴联想的这一"复盘"方法来开展工作，并让团队管理更有效。当然，HRBP也可以有自己的复盘步骤，不过总的来说，依然离不开"回顾→反思→探究→提升"这几点。同时，对于刚刚试手团队管理的HRBP来说，如果可以结合表格工具来完成的话，那就让复盘结构性更好、效率更高、操作性更强了。下面我们就针对这四点并结合表格工具来说说复盘到底是如何进行的。

■ 步骤一：回顾

回顾的内容包括：曾经设定的目标是什么？到目前为止完成的情况怎么样？所要的结果达到了什么程度？这个程度的结果和曾经设定的目标有了进步，还是存在差距？

目标和目的是不同的，目的是为什么要做这件事，而目标则是要达到一个什么样的结果。在工作进行一段时间以后，进行一次复盘，很多管理者就会发现某个项目完成现状非常不理想。而此时就要问自己，到底该达成一个怎样的状态才算是理想的状态，才是一个阶段的目标达成。往往这样一问自己才发现，当初其实是没有设定目标的，目前的工作不过就是一日复一日凭感觉进行，完全没有方向感、目标感。

那么联想又是怎么做的呢？联想在成立之初就设定了目标：不断发现机会，探索业务模式，以保证企业的生存发展。创立于1984年的联想，在2000年前一直都拘泥于IT领域，这期间联想进行了两次大的转型：第一次是从销售自身研发的"联想式汉卡"转型做IBM、HP、AST等国际PC品牌代理商；第二次则是从PC代理商转型到了自有品牌PC业务。

两次转型中，联想都没有脱离公司成立之初的目标，在第一次转型后，联想不断了解市场，不断从那些国际PC品牌处学习经验，不断探索业务模式，所以后来逐渐形成了自己的品牌PC业务，同时也有了第二次转型。

当然，回顾了当初设定的目标以及期望达到的结果，并发现了现状与目标之间的差距还不算完，还要对造成这样的结果进行一个分析评估，并从中找出关键阶段、关键因素。

联想在第一次转型时，正处于技术快速发展阶段，以硬件为依托的汉字系统显然很快会被淘汰。虽然销售汉卡的目标任务已经远超预期，但是柳传志还是及时设定了下一阶段的目标：聚焦PC代理。由此让联想避免了因为技术革新而"猝死"的命运。

第二次转型，也是因为外国PC品牌大举进入中国市场，对国有品牌产生了巨大冲击。而此时柳传志在回顾PC代理超出的预期后，又设定了创立自有品牌PC的目标，最终一举胜出。

可以说，联想的这两次转型都在最初的目标基础上，抓住了关键阶段、关键因素。

下面我们结合表格让"回顾"更系统。

回顾最初设定的目标	分析评估现在的结果
当初的目标（期望达到的结果）是什么？	现在达成的结果（实际的效果）如何？
在某个阶段内要达成的目标（阶段性）	实际达成情况（阶段性）

■ 步骤二：反思

反思也是分析原因，是找出复盘的事项或项目在过去这段时间内有哪些有价值的亮点，也就是有哪些成功之处，要分析影响目标达成的不足之处，同时还要找出亮点与不足产生的原因。

依然以联想为例来说一下。联想的第一次转型是从销售汉卡转型到PC代理，无疑是成功的。成功的原因则是联想集团对技术发展趋势的重视，并采取了积极应对的措施。

而第二次转型战胜国际竞争对手的成功，原因则是对大环境有足够的判断，对当时所处的行业以及业务进行深刻、系统的分析，并在强大的国际竞争对手面前，及时总结不足并改善创新，大胆应战。

当然，联想的两次转型都远远超出了预期，因此只谈了它成功的原因。如果在你的管理之下，没有达到预期，那么就要分析失败的原因了。

不管是成功，还是失败，其中必然有主观原因和客观原因两方面的影响。因此，在反思过程中，除了找亮点和不足之外，还要将成功或失败的主客观原因也找出来。主观原因是可控的，所以，由主观原因导致的结果，不管是有价值的亮点，还是不足之处，都具有借鉴意义；但是客观原因就属于不可控因素了，比如行业的趋势发展，这还需要HRBP对行业的趋势以及业务的动向有一定的远见。

下面依然借助表格来让复盘反思操作更系统。

有价值的亮点分析	存在的不足分析
有哪些可以借鉴的亮点经验：	存在哪些不足之处：
主观原因：	主观原因：
客观原因：	客观原因：

■ 步骤三：探究

探究就是总结规律，在进行分析后，总结出解决或处理问题的方法、流程，将具体抽象的经验，转化成能够直接运用的工具。比如在生产管理的具体案例中总结出来的"六西格玛""戴明环"等工具就是如此。

当然，这个过程还要结合下一阶段的目标或继续初定的目标进行，要清楚达成目标可能要用到的方法、流程，然后从多种思路与经验中总结出工具、方法。也可以不断提出假设和分析，然后总结工具、方法。

探究时可以借助以下表格让复盘操作更系统。

规律或经验总结	
有哪些经验可以借鉴	
有哪些规律可以借鉴	

■ 步骤四：提升

提升就是在分析原因、总结经验或规律后，对后续的行动计划有个明确的方向指示。这主要包含以下三个方面的计划：

哪些需要开始做。复盘后，发现之前没做的，现在依然必须要做的，此时就要开始做。

继续做。复盘后，对于前面做得不错的部分，现在依然继续保持。

停止做。复盘后，有哪些地方做得不对的，此时就要停止做。

提升也体现了复盘的价值所在，这点也可以借助表格来呈现。

行动计划	
开始做	
继续做	
停止做	

我们还要提醒各位HRBP：

首先，企业处于上升期时，就着手布局下一步的计划开展，千万不要等到"山穷水尽"时才想到需要解决方法。

其次，作为团队管理者，一定要"退出画面看画"，从画面中退出来才能看清全局。这就要求HRBP在做一件事时，不要仅沉迷于具体工作当中，还要综观全局，切不可忽视了行动的根本目的。

最后，在总结经验、规律时，一定要反复多次。一两次的复盘就轻易下结论，很容易得出不客观的结论。如果不经过多次反复的总结，便将不是规律的东西当作规律，那所得的结果很可能会非常惨烈。

"敏捷管理"带出效率惊人的团队

作为HRBP，目的就是要体现自己的价值，为公司创造绩效，而在协助直线经理带出高效率的团队时，也正是需要HRBP有所行为的时候。那么如何做才能带出一支高效率的团队呢？

微信团队可谓是创造了中国历史上最成功的互联网产品，而微信教父张小龙在一次公开演讲中表示，敏捷管理是微信团队从成立之初就坚定使用的管理方法。

■ 将焦点放于团队上，而非个人

通过团队的合作，可以完成世界上的所有工作，但就算是最优质的产品是通过集体的努力得来的，管理者依然会凭借自己的直觉，过于关注优秀员工的个人价值。其实很多时候，过于关注个人，却会让团队效益无法体现出来。

耶鲁大学的斯坦利·艾森斯塔特教授曾做过一项跟踪调查。他的一门计算机编程课非常难学，在耶鲁大学是众所周知的一件事，上这门课的学生，都抱怨作业完成起来花费的时间太长。为此，艾森斯塔特教授跟踪了解了每个学生完成作业的时间，结果发现，学生成绩和完成作业的时间长短并没有关系，最后都得了A。但是相比之下，完成作业用时最短的学生和用时最长的学生之间，所用时间相差了10倍之多。

10倍的时间，这中间可以创造出多少的效益？所以，如果单看这个调查结果，很多管理者会毫不犹豫地雇用那些成绩为A，同时用时还最短的员工。

但是如果从团队的角度来看，结果还是和个人的效果一样吗？我们不妨再来看一项研究成果。

这项研究涉及3800个不同的项目，在研究过程中，研究者只关注团队的表现数据，而没有关注个人的表现数据。此时发现，最佳团队能够在一周内很好地完成任务，而最差的团队呢？是不是和耶鲁的学生一样，会用10倍于最佳团队的时间来完成这项任务，需要10周的时间？事实怎样呢？不是10周，而是2000周！

所以，在带团队时，如果你能将所有的员工都变成天才，那么效率可能提升10倍，但如果你将关注点落于整个团队上，那么即便是最差的团队，你如果能让他们达到中等的水平，最终的效率也是惊人的。

■ 带出高绩效的团队

了解了团队力量的强大，接下来HRBP就要了解一下如何才能带出高绩效的团队。一般来说，想要带出高绩效的团队，就要做到以下几点。

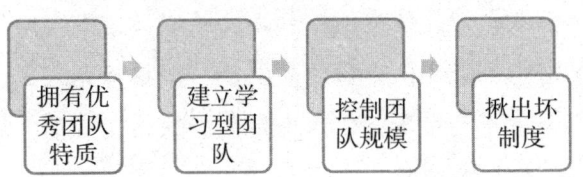

图6-7 如何带出高绩效团队

1. 拥有优秀团队特质

优秀团队拥有哪些特质呢？通常具备以下三点。

图6-8 优秀团队的特质

不同寻常就是他们具备超越寻常目标的愿望，在这种动力的驱动下，他们会拒绝平庸，会让目标无限扩大，激发自己的无限潜能，最终达到卓越。

自主性强是指优秀的团队在自我组织、自我管理等方面，都具备超强的自主意识，并且有能力让工作顺利展开。

拥有全面技能包指的是团队具备完成一个项目很全面的技能，比如计划、设计、研发、生产、销售等，样样能做，且成员之间都保持相互学习、相互促进的态度。这一点，虽然在HRBP所负责的事业部中，可能涉及不到所有的环节，可能仅是熟悉生产，或者仅是熟悉销售。但如果想要提升公司绩效，让每个人都了解各个环节的流程，就可以让大家"群策群力"，给出实现团队价值、提升公司绩效的最佳方案。这对于HRBP的工作开展来说，也具有一定的帮助。

2. 建立学习型团队

传统的团队建设，可能有人专门负责规划，有人专门负责生产，有人专门负责运输等，但是优秀的团队，团队成员是没有角色之分的。比如谷歌和亚马逊内部的团队，每个团队成员都具备完成工作所需的各种技能，任何环节都不会被落下，这也是公司的硬性要求，每个团队成员都必须掌握好一整套的技能。

3. 控制团队规模

如今都在强调极简，管理要极简，团队规模也要极简，只有团队维持在小规模时，才能不断焕发活力。有数据显示，团队规模维持在7个人左右，多两个人少两个人都可以，能够实现高水平运作，但如果超过9个人，运作速度就迟缓很多。

为什么会有这样的数据结果呢？一是培养新成员会拖累其他成员的速度；二是增加新成员，沟通渠道会大幅提升。而人类大脑一次性记住的内容是有限的，根本没办法应付太多的沟通渠道。

4. 揪出坏制度

很多公司在提升公司绩效时，往往会不断地"砍掉"位于公司末端的员工。然而，每个人都受制度的约束，一个团队的士气、凝聚力以及效率低下，问题往往是团队的工作方式存在问题，而并不是某个人的问题。因此，敏捷管理法就承认和接受这个现实，对失败的制度进行审视，并着力改良，而并不是非得要由一个人来承担责任。

这一点丰田汽车公司的做法就很有说服力。通用汽车公司在加利福尼亚州有一家新联合汽车制造公司，这家公司在1982年就被通用汽车关闭了，原因是公司的工人上班懒散、喝酒、迟到，甚至根本不去上班。1984年丰田重开了这家公司，当时通用汽车的人对丰田的领导者介绍说，这家公司的管理者都非常优秀，丰田可以聘用他们。但是丰田却没有接受他们的建议，而是重新聘用了不被看好的工人，甚至还将某部门的全体工人送到日本进修学习丰田的生产系统。结果没过多久，新公司的产品就达到了高端水平。

工人还是原来的工人，不同的是制度有了改变。因此，想要带出一个高效的团队，必须要揪出坏制度。

讲人情的公司都"死"了

熟悉企业管理的人都清楚一点：企业管理中人情和执行力是成反比的，人情讲得越多，执行力就越差；人情讲得少，执行力反倒很强。一些很有影响力的企业家都认为，"企业的执行力靠的就是纪律""企业战略管理必须有良好的纪律才能落地""很多企业有很好的战略，但就是因为遇到'人情'，所以缺乏执行而难以实施"。

因此，作为HRBP，在协助直线经理做管理时，也要尽量避免讲人情现象。

我们先来看一个海尔张瑞敏的案例。

张瑞敏在刚接手海尔时，海尔不过是一个濒临倒闭的小电器厂，员工工作懒散，毫无积极性可言，企业严重亏损。然而，张瑞敏用了20年时间，就让一个快要倒闭的小厂，一跃成为世界数一数二的大型企业，并一度跻身于世界500强行列之中。

张瑞敏是怎么做到的？他到底对海尔施了什么魔法，让一个小厂成了世界型大企业？就是纪律！

接手海尔后，张瑞敏马上颁布了著名的"十三条"，其中有一条是"不许在车间大小便"，将这样一条纪律列入其中，可想而知，在他去之前，海尔员工的整体素质如何。

一直以来，张瑞敏都非常强调纪律性，所以现在的海尔人都有非常强的纪律观念，很少有人会出现上班迟到的现象，更不会有人在公司中搞人情关系。

其实，不但海尔是这样，联想、华为、万科也是这样。这并不是什么巧合，而是它们都提倡纪律性，而且它们的老总都有军队生涯履历。

如果你足够细心的话，就会发现在美国商界存在这样一个怪现象：美国最伟大的"商学院"不是哈佛，不是斯坦福，而是西点军校。从西点军校出来了一大批取得了骄人成绩的商业精英，他们不曾受过任何的正规的商业教育，但是就是能创造商业神话。比如可口可乐、通用公司、杜邦化工的总裁，均出身于西点，美国在线创始人詹姆斯·金姆塞、美国东方航空公司总裁法兰克·波曼、美国汽车保险公司总经理麦克·德莫特等也出身于西点军校。

大批西点军校的毕业生，在企业界获得了非凡的成就。美国商业年鉴的资料显示，第二次世界大战后，在世界500强企业里，西点军校培养出来的董事长有1000多名、副董事长有2000多名,总经理、董事有5000多名。

这样的成就,任何商学院都没有做到过,而不是商学院的西点军校却做到了,为什么?原因就在于铁一般的纪律。正基于此,曾经的西点军校校长戴夫·帕尔默才非常有自信地说:"随便给我一个人,只要不是精神分裂症,我就可以把他培养成为世界上最伟大的领导者。"

为什么西点军校能够培养出如此多的商业精英,就是因为严格的制度、铁的纪律以及不折不扣的执行力。西点军校中,不管是谁犯了错误,都要受到严厉惩罚,人情在那里起不到丁点儿作用,只有纪律、只有执行才是硬道理。

所以,企业想要有所成长,就必须有科学、完善、规范的管理制度,员工则必须按照制度的要求来规范自己的行为,杜绝一切"人情"现象,如此才能提升企业执行力。而执行力是什么,就是纪律。没有纪律,就没有执行力,就没有战斗力;没有纪律,即便再好的战略也无法落地。

那作为企业,该如何杜绝"人情",加强纪律,提升执行力呢?还要做到以下两点。

■ 制订严格的制度并严格执行

想要有铁一般的纪律以及高度的执行力,首先就要制订严格的制度,并严格执行。俗话说"没有规矩不成方圆",规矩就是我们心中的一把尺子,触犯了规矩就要受到应有的惩罚。

不要将制度形同虚设,有一个人徇私枉法,就要惩罚一个人,因为有无数双眼睛在盯着。如果有一个人徇私枉法得到了宽恕,无疑是怂恿更多的人视制度为无物,如此会给管理带来更大的难度,执行力也会随之下降。

同时，企业的管理者以及高层领导者，要以身作则，首先从自身开始对制度严格执行，不管你为公司创造了多大价值，也不管你曾为企业贡献了什么，都不能视制度而不见。

■ 拔掉"刺头"

在企业中，总有一些难以管理的"刺头"，他们狂妄自大，不将任何人放在眼中，还藐视领导权威，不断挑战公司制度底线。这些人可能为数不多，但是给企业带来的不良影响却是巨大的，不仅会导致团队工作效率低下，还会让他人效仿，进而搅乱整个团队的工作氛围。

遇到这样的人时，切不可讲人情，对其行为视而不见或听而不闻，要及时针对不同情况给出相应的管理办法。

一般来说，"刺头"大多在企业中有背景，很可能其亲属任高层领导，或者自己的家人与公司有密切的业务关系等。对于这类人，开除难度较大，因为涉及高层领导或者业务客户，比较敏感，稍不留神，可能你的饭碗就丢掉了。既然不能讲人情，那对于他们的错误就不能姑息纵容，可以对其进行一定的处罚，同时，也是更为重要的一点，就是要发现他们身上的闪光点，并及时对其加以褒奖，让他们通过自身的能力帮助企业创造价值，而不再因为其他原因而自我放纵。

对恃宠而骄的员工"刺头"，一方面要肯定他们为公司带来的利益，并及时对他们施于应得的薪酬奖励等激励措施；另一方面也要向他们讲明公司的规章制度，让他们起到良好的带头作用，帮助企业发挥更大的效益价值。

其实，企业由上而下形成一种铁一般纪律的工作氛围，"刺头"的现象就不容易出现，同时搞人情等现象也会慢慢消失。

第七章
做好沟通协调的"老娘舅"角色

HRBP与领导或者各部门管理者之间如果沟通不好，没有办法协调上下级或各部门之间的关系，就会给自己招来诸多的质疑，尤其是业务部门会认为HRBP完全不懂业务。HRBP本想帮忙，但到最后却成了"帮倒忙"。出现这种问题，很大一部分原因就在于沟通协调没有做到位。所以，HRBP要想将工作做好，就要注重沟通协调，做一个公道且有威望的"老娘舅"角色。

进阶：从HR到BP的修炼之道

让领导听到你的声音

有一个案例，是哈佛商学院十大经典案例之一。

这个案例讲的是一个叫Erik的同学，从哈佛商学院MBA毕业后任职公司经理，自身的业务能力非常强。然而，在工作中，他却遇到了诸多来自内部和外部的挑战，特别是在协调各层级的关系中，他屡屡受挫：如何服务好上级、如何管理好下级、如何处理好平级关系、如何利用好这些关系协助自己的工作等。

这个案例就给了各位HRBP一个很大的启示：如何才能做好沟通协调的"老娘舅"角色？在这个过程中，有你的下属，有你的团队，有你的平级同事，更重要的还有你的领导或直接上级。

管理大师约翰·科特曾说过："老板和下属之间的关系，其实就是两个同样会犯错的人彼此相互依赖。"老板与下属之间，除了职务上的层级差别外，只是角色扮演的不同，各自有不同的职责，对事情有不同的认知或看法，也会有盲点存在。领导或者你的直接上级，更多偏重的是大方向的思考，缺乏对细节的了解，在做决策时往往忽略执行面遇到的问题和阻碍。所以，此时领导或者直接上级就需要深入事业部的HRBP提供一些建议，来帮他找出思考的盲点，做出正确的决策。

很多时候，领导或者直接上级认识不到自己的决策问题，又不愿意接受下属的建议，但此时你若什么都不说不提，不去想办法让领导或者直接上级改善想法或决策，只会让你后面的工作陷入困境，甚至根本无法执行，到头来只有你自己去承担失败的苦果。

因此，在实际工作中，为了让工作能顺利进行并完成，HRBP一旦觉得有话要说，就一定要及时让领导或直接上级听到。

■ 避免错误做法

要想让领导或直接上级听到你的声音，首先你得先摒弃一些错误的做法。

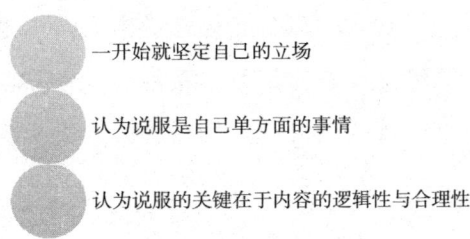

图7-1 错误的做法

想要让领导或直接上级听到你的声音，就要有说服的过程，但是说服的目的并不是要对方完全接受自己的想法，而是要共同协调出双方都能接受的结果。对此，美国南加州大学组织行为学教授杰伊·康格尔就曾说过："说服并不是单方面的去推销自己的想法。"他还说，"真正的说服是学习与协调的过程"。可能很多人都认为说服就是将对方的观点推翻或者完全否定对方的观点，其实不是，而是彼此学习、理解对方的想法的过程，最后通过相互协调，得出双方都能够接受的满意结果。所以，从一开始就坚定自己的立场，将领导或直接上级当作商业谈判的对象一样，势必要说服对方的想法不可取。在领导或直接上级面前，摆出这种咄咄逼人的强势态度往往会带来反效果。

沟通的过程是双方面的，因此将其作为获得问题解决的自己单方面的事情，不管最终的结果如何，首先从一开始这种观点就错了。对领导或者直接上级的说服，是持续动态的沟通过程。在这个过程中，需要你准备充足的材料来支持自己的观点，同时要清楚领导或直接上级的真实想法，他们在工作中首先会考量哪些事情，他们需要顾及哪些层面，他们具备哪些思考模式，你需要找到怎样的切入点才更容易打动他们的心等。同时，并不是一两个小时或者几个小时，就能改变你的领导或者直接上级的想法，他们往往需要一些时间去做全盘的考量，因此你必须给他们一些时间去自行得出最后的结论。

成功说服你的领导或直接上级接受你的建议或方案，内容的逻辑性与合理性固然是决定成功的一部分，但你的个人信用度、你对他们立场的顾及、你对他们情绪反应的感受等，都会影响到说服的成功。

那么，到底怎样才能成功说服他们接受你的建议或方案呢？不妨借鉴下面几点。

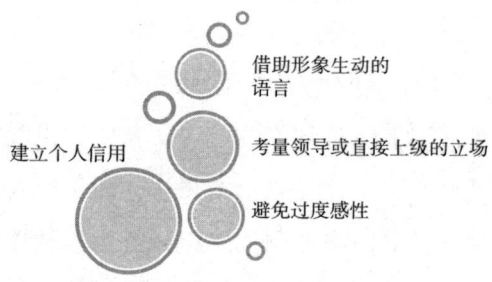

图7-2　如何成功说服领导或直接上级

■ 建立个人信用

从工作的层面来说，专业度和人际关系构成了个人信用。专业度也就是你在某个领域具备的专业知识，这一点从平时或者过去表现出来的业绩上就能看出来；此外，从你与领导或者直接上级沟通时对问题的深入了解上，也能够看出你的专业程度。

HRBP本身是公司派到业务部门的人力资源专家，为的就是让你用专业的人力资源方法与经验去解决业务部门存在的棘手问题。如果面临问题时，你只会用"不清楚""不知道""不了解"来答复，专业度自然就不存在了，而个人信用方面也会大打折扣，甚至完全垮塌。

人际关系方面，也就是你个人的合群程度。领导是不是认可你是一个愿意接受他人意见、容易沟通的人，而不是一个固执己见、不易妥协的人；你的出发点是从部门或者团队整体的利益出发，而不是为了自己的利益；你为人诚实、稳定、可靠，并不属于情绪起伏不定、工作表现大起大落之人。

HRBP本身的工作的确如"政委"一般，也因此像阿里巴巴等大型集团都将HRBP直接称为政委。既然是政委，三观就要正，公司倡导的价值观、"高压线"等就需要你去捍卫，还要以身作则，言行一致。

一般来说，专业度高，愿意接受他人意见、容易沟通、善于从团队整体利益出发，且为人诚实、可靠、稳定的人，更容易获得领导或者直接上级的肯定，而这样的人所提出的建议或方案，也容易被接受。

■ 借助形象生动的语言

想要向上沟通，势必会借助大量的材料，比如数据等来支撑自己的观点。但这些材料大多是比较抽象的概念，而且数据本身就比较枯燥乏味，所以，要想引起领导或直接上级的兴趣，不妨多列举一些实际的例子，或者用大家都熟悉的事例做比较，形象生动地描述出来，他们就能快速理解。

比如，在说到一套全新研发的数据库软件时，如果干巴巴地说数据，显然无法让领导提起兴趣，甚至会非常反感。但如果你将这套软件的作用直接描述出来，比如说这套软件能够即时提供老板所需资料，同时还具有分析比对功能，那么经常深陷大量"资料数据海"中的领导，自然会非常感兴趣。

■ 考量领导或直接上级的立场

为了顾及不同层面的需求，避免一些不必要的冲突，领导行事作风往往会表现出保守倾向，在面对一些建议或方案时，也常采取反对的意见。其实，领导也是不得已而为之，因为所处组织的位置越高，就会被越多的不同势力所牵扯，没有办法自由根据个人的喜好或行为模式做事。

领导处于公司组织的最高层，他面对的往往不仅是工作的问题，还有更为复杂的人际关系，因此在接受建议或方案时，他必须要慎重考量。

比如HRBP建议要裁掉某事业部的一个小组，但这个小组是由7个人组成的团队，那么领导就要综合各方面好好考量一下，这个小组到底要不要裁撤，不裁会有什么隐患，裁撤后又会带来哪些影响等。

■ 避免过度感性

对自己的建议或方案表现出热情或信心是有必要的，但是过度感性就不可取了，那样会显得过于感情用事，缺少了专业度。

此外，避免过度感性，保持适当的理性，还方便在陈述个人建议或方案的同时，能仔细观察到领导的情绪状态，并根据对方的情绪状态的改变，来调整叙述时的语气和态度。

当然，说服领导之前，也要了解领导的风格。一般来说，领导具有魅力型、思考型、怀疑型、追随型、控制型几种类型。

魅力型领导更容易接受新想法、新概念，能快速吸收大量信息，他们务实，但缺乏耐性。因此，与这种类型的老板沟通时，要直入主题说重点，且要简洁明晰。

思考型领导对控制的重视远超对创新的需求，对风险的接受度低，因此是最难理解和最难被说服的一种类型。他们为一个决定，常常要翻阅大量的书籍、市场调查报告、消费者调查报告、成功案例分析报告、成本效益分析报告等。因此，对这样的领导尽量不要有太多的建议，如果他们要求，那么你也要做好充分的准备。

怀疑型领导对任何信息都抱有怀疑的态度，尤其爱针对个人，而不像思考型领导那样对事。对待这种类型的领导，最关键的就是拿出你的个人信用。可以事先找人做背书，比如与领导同背景的人，与他同过学、共过事的要好朋友等。

追随型领导更看重过去的经验以及他人的做法，并据此做出自己的决定，谨慎但不怀疑猜忌，非常希望有人来帮他了解自己不熟悉的事或领域。因此，这种类型的领导是最好说服的，当然前提是必须有成功的案例，来坚定领导的决策信心。

控制型领导不会感情用事，他们总是很理性，做出的决策也力争精确、客观，不太容易接受别人的意见。所以，面对这样的领导，你最好是提供详细的资料分析，由领导自行去做决定。

理解，认同，接纳

HRBP在沟通协调的工作中，遇到不服气的领导或者直线经理、团队成员很正常，此时如果不将这种不服气的僵局打破，就没有办法顺利往下开展工作。那么，遇到这种问题的时候，你又该怎么做呢？最好的答案就是记住以下三点。

图7-3 如何打破"不服气"僵局

■ 理解

在一个畜栏里,圈着一只猪、一只绵羊和一头乳牛。一天,主人将猪逮住,猪大声嚎叫起来,并不断猛烈抗拒。同在一个圈里的绵羊和乳牛都觉得它完全没必要那么嚎叫,甚至还对它的嚎叫表示厌恶。可是它们谁能理解,主人逮它们出去,不过是为了羊毛和牛乳,而逮猪出去却完全是为了杀掉吃肉啊。

这是一个很经典的小案例,同时它也给了各位HRBP一个感悟思维:立场不同、所处环境不同的人,很难理解对方的感受。在沟通协调中也一样,你不理解对方,就很难站在对方的立场去思考问题。

理解对方需要注意以下两个方面。

图7-4 理解对方

1. 理解感受

说到感受,往往是基于对某事的认知,但这个认知未必就是事情的真相。

某公司的HRBP在看到直线经理呈给他的第一季度业绩报表时,非

第七章 做好沟通协调的"老娘舅"角色

常生气,立刻大声呵斥道:"为什么会这样?比预定的目标差了不是一星半点,下面的员工都干什么了?都按照既定的方案执行了吗?"结果,还没等他的牢骚发完,对方就忍不住跟他吵了起来。最终这位HRBP回到人力资源部门继续处理一些琐事,而上层领导又派了新的HRBP到业务部。

业绩不好,搁谁谁着急,但是如果以这种态度来沟通,势必会让人非常反感,最终没办法让工作继续开展下去。

那么该怎么做才能得到最好解决呢?同一件事,下面再来看看另一位HRBP是怎么做的。

在看到业绩报表时,HRBP显然很不满意,但他没有发脾气,而是在表达感受的时候说出了原因,并表达了需求。他是这么说的:"这可就让我担忧了(表达了感受),业绩比预定的目标差了太多(对事实进行了描述)。期间是不是遇到了什么困难?(表达了一定的关心)有既定的调整方案跟上吗?能不能在下个季度将业绩补回来?(提出了需求)"接着直线经理将工作中遇到的困难提了出来,希望HRBP能帮助自己一起制订解决的方案。最终,在下个季度将这个季度没完成的目标补了回来。

一个问题有两种对待方式,两个HRBP显然都非常担忧,然而一个人不顾直线经理的感受,而另一个则是照顾到了直线经理的感受,最终得到的结果也全然不同。仅靠反映情绪、批评来表达想法,对方往往会反击,完全达不到沟通的目的;而理解对方的感受,摆出事实,并提出建议、需求,这样对方就能做出积极的回应。

以上说的是对待平级或下属的态度,而如果你面对的是上级领导的批评呢?此时更要理解,并引导双方的情绪带回到利于有效沟通的方向上来。怎么引导呢?首先就要让自己冷静下来,不要急于反击,先思考一下,对方发脾气是对事还是对人,他发脾气进行批评的背后问题是什么？此时你的思考脉络就清晰了：是不是对方觉得方案不够成熟？（确认对方的感受）对方担心的是哪些或者哪个方面？（确认对方的需求）有了这个清晰的脉络，就可以直接向对方发问，由此便能向有利于有效沟通的方向上引导对方了。

2．理解内容

理解内容就是不管是你自己表达的内容，还是对方表达的内容，你都要非常清楚，因为沟通时，内容表达越清楚，越可能得到对方的正确、正向回应。HRBP经常要处于多方沟通、讨论的环境中，有时候自己表达的意思，往往在别人理解之下会有出入，甚至完全扭曲。在这种情况下，就要学会认真倾听，并澄清和确认对方所表达的意思，或者对方对你的内容表达的理解。

比如在沟通讨论时，多用这种模式："接下来我确认一下，我们刚才讨论了下面几点……（提出事实）A重视什么问题、B担忧什么问题……（提出感受）最后我们共同达成了以下标准（提出了具体的要求）……"这种模式可以避免理解错误。为此，一些重要会议的会议纪要，业务部门的直线经理有一份，同时HRBP也该有一份，甚至人力资源部门也可以有一份，以便帮助HRBP更好地完成工作。

此外，在沟通时需要注意"随意评价"带来的负面影响。比如某位员工一个月内迟到了3次，那么你在提到这件事时，就应该如实说"某某这个月迟到了3次"，而不能说"某某经常迟到"。或者，某员工的工作进展有些慢，此时可以直接表达你的感受，"某某工作进展有些慢"，而不是言辞强烈地说"某某太慢，肯定会拖后腿"。

作为HRBP，答复业务部门领导和员工的咨询，陈述人力资源部问及的业务部门情况，或者评价某个或某些员工的表现，在开口之前，一定要先弄清楚你要说的是事实还是猜测，是陈述还是评价。如果是陈述，依据事实陈述；如果是评价，也要给出中肯的评价。

■ 认同

如果说理解是建立良好沟通的基础，那么认同就让顺利沟通更进了一步。下面再来看一个案例。

作为HRBP的迈克与另一位同为HRBP的好友杰克诉苦，说年终绩效考核时，老板对他的评价很一般。可是他很不服气啊，因为他平时做得实在太多了。

杰克非常了解迈克，他工作能力非常强，在自己的领域中不断为企业出谋划策，为企业运营改革拿出了非常不错的方案，同时在用人方面也是有自己独到的"慧眼识珠"本领。但为什么会不被老板看好呢？杰克为了进一步了解，问迈克："你平时与老板沟通得多吗？新方案都习惯先向老板汇报吗？你有什么规划、有什么成绩、面临什么挑战等，这些老板都知道吗？"

听完杰克的问题，迈克很有底气地说："我负责的是企业运营管理，老板根本不懂，我更没什么需要向他咨询的。"

杰克听到迈克的回答，基本知道问题所在了。他说："所有的老板都不想被自己的下属架空，他想知道每一个下属在做什么。或许老板可以放手让你去做你擅长的事情，前提是他对你有信心，不去过度管理你。但作为下属，一定要让老板知道你在做什么。否则老板就会觉得你傲慢、无礼，完全忽视他的存在。"

无论你的能力多强，你的领域领导多不熟悉，都要至少每周向领导汇报一次，面对面口头汇报最好，这样可以让你很清晰地了解对方的情绪，还会避免一些误解的产生。如果做不到面对面沟通，也要尽量通过电话或者邮件沟通一下进展，或者将其中的困难、阻力指出来，并说明自己的解决方法或者所需的配合。

之所以要这么做，就是让领导有参与感，让他觉得自己被尊重了，体现了自己的价值，感受到了自己的重要性。他通过这种沟通的途径对你就有了认同感，接下来如果你有什么改进的方案、措施提出来，他就很容易接受。

不仅是领导，对直线经理和部门员工也一样，多与他们交流沟通，了解对方在做什么，也让他们清楚你在做什么，让大家都有参与感，集大家之力，一起做出最佳的方案，这也是对部门成员的尊重和认同。而当有一些方案需要实施时，部门成员也愿意积极配合你。

■ 接纳

前面有了理解和认同，接下来让对方接纳你的建议或方案就简单多了，可以说已经是顺理成章的事了。因此，这里不再赘述。

所以，对于一个HRBP来说，想要在沟通协调上没有什么阻碍，就要将理解、认同这两点重视起来，这样在让对方接纳你的意见时才轻而易举。

借助有效的沟通工具

沟通，有狭义的口头方面的语言沟通，协调相互之间的关系，也有工作方面的沟通。但不管是为了协调相互间关系的口头语言沟通，还是为了工作的沟通，都可以借助一些有效的沟通工具。尤其是沟通协调工作非常频繁的HRBP，更要熟悉并熟练运用一些有效的沟通工具，不仅让沟通更简单，还能够快速与部门间建立信任感。

那么都需要哪些有效的沟通工具呢？在此就为大家介绍以下两种沟

通工具。

信息共享工具　　　沟通技巧工具

图7-5　有效的沟通工具

■ 信息共享工具

作为HRBP，就是要体现自身的价值，而该如何体现自身的价值？信息共享就是其中至关重要的一项。其实信息共享本身就是沟通的一个体现，因此在不少公司中，不管是HRBP还是其他管理人员，想要获得员工的信任，都善于信息共享。共享的信息越多，双方彼此了解的程度越深，最终越容易制订出最优的决策。不过在信息共享时沟通的双方还要有一个共享信息库才行，因此，在这之前，HRBP还要为业务部门与自己或者人力资源部门间建立起信息共享的机制与载体。这里就为大家介绍几款不错的高效沟通软件。

1. 在线云协作

在线云协作可以实现公司在线协同办公，移动协作编辑，同事间文件都可以在线云同步，也就是说，你将电脑本地的任意文件夹进行同步后，其他终端设备上可以即时看到同步文件。对于出差在外，或者处于不同办公室的团队成员来说，完全可以及时与同事进行信息共享。

有着"中国版的Dropbox"之称的坚果云同步网盘，它的主要功能就是文件的自动同步和团队成员工作文档的及时共享。这款网盘操作非常简单，很容易上手，还不会改变用户习惯，这就在一定程度上提升了团队协作效率。同时它除了文档等即时共享外，还可以恢复误删的文件；也可以设置文件访问权限，比如谁可以浏览、谁可以上传等；更重要的一点是，不管是电脑、平板，还是手机，都可以安装，这就让人随时随地都能办公和沟通了。

图7-6　坚果云网盘

2. 信息整理工具

HRBP可能每天都需要接受大量的信息，以及时抓住热点机会。而这些信息的来源，可能是微信、自媒体平台、微博等，在接受这些信息的同时，还要将这些碎片化信息进行有效整理，此时就特别需要一款软件来帮忙，不仅有助于快速整理，还方便日后使用时查找。

为知笔记就是一款不错的协作笔记类工具。为知笔记可以将你收集到的网页、微信、微博的内容，以及与团队成员间的聊天内容等碎片化信息，进行收集整理，并记录下你的想法、待办的事项、个人日记、工作日志、会议记录以及项目资料等。此外，它还可以通过关键词等搜索方式快速找到你需要的资料，也可以通过目录树、全文检索等快速找到团队资料。

第七章 做好沟通协调的"老娘舅"角色

| 个人免费账户 | 个人VIP账户 | 团队服务 | 为知盒子 |

图7-7 为知笔记

3．工作安排工具

HRBP的工作节奏往往非常紧凑，需要不断对团队成员的任务进行分配、监督及调整。

这里就有一款工具可以轻松帮助团队共享工作中的任务、日程安排、文件查找，还可以在团队间及时讨论，它就是Teambition。Teambition是专门为中小团队打造的协作工具，通过任务版，就能直观地了解团队成员推动各任务的进展情况，并能随时与团队沟通想法和总结经验，这比内部邮件更直接、有效。

图7-8 Teambition

目前，Teambition企业账户已经与钉钉账户实现无缝绑定。所以，如果你的团队同时使用Teambition和钉钉，在确认自己的权限后，你就可以通过下面的几步，将两个企业的账户绑定在一起了。

图7-9　Teambition与钉钉绑定步骤

将两者结合之后，便可以在用钉钉畅享沟通之时，实时处理Teambition中的任务；而在用Teambition实现团队协作的同时，又能审批考勤、进行电话会议等。

当然，在应用共享沟通软件工具时，还需要根据你自己的需求和目标，只要你选的工具能够帮你达成有效的时间管理，那就是对的。或许最简单的微信、QQ就是最适合你的高效沟通工具，简单够用就行！

■ 沟通技巧工具

在实际工作当中，虽然HRBP很积极地去了解业务，但还是会遭到业务部门以及业务人员的排挤。这时候又该怎么办？此时就需要你快速找到一个能够与业务部门共赢的方法。

在此就为大家推荐一款关键对话工具：CRIB模型。它是一套沟通技巧，非常适合与业务部门沟通，且它能够帮你用于了解业务部门的需求和目的。

CRIB模型的使用，需要以下四步。

图7-10　CRIB模型的使用

承诺寻求共赢，是开场的重要打开方式，此时业务部门可以意识到你对他们的利益是关心的，由此让他们能积极配合。

了解目的，是要求你在了解业务部门的一些做法后，还要了解他们做这些事情背后的目的，也就是需求。这是实现共赢的关键所在。

创作共赢方向，是将业务部门的需求与支持部门的需求相结合，进而由两个维度来定位共赢方向。

最后就是要发挥头脑风暴，找出共赢方法了。这点还需要你和业务部门一起寻求，最终让共赢落到实处。

无论是信息共享，还是掌握沟通技巧，都不可能一步到位，一下子就能获得大家的信任和支持，还需要循序渐进：步子不能太大，太大容易脱离业务；针对问题不能下猛药，因为手头的资源毕竟有限。

"晒KPI"：阿里巴巴的高效沟通工具

说到沟通工具，一定要提到阿里巴巴的"晒KPI"，这是阿里业务战略落地的一个高质量沟通工具，从2014年开始在阿里内部施行。

KPI，是Key Performance Indicator的缩写，即关键绩效指标，是通过对组织内部流程的输入、输出端的关键参数进行设置、取样、计算、分析，进而衡量流程绩效的一种目标式量化管理指标，是企业绩效管理的基础与关键。KPI是用于衡量工作人员工作绩效表现的量化指标，是绩效计划的重要组成部分。

既然KPI是关键绩效指标，那为什么要"晒"呢？这自然是阿里巴巴采用这一沟通工具的目的所在，为的就是确保业务和组织目标的"通"：其中包括战略方向、关键议题、业务链关系、资源保障、衡量指标等。那要晒什么,才能让这些环节"通"呢?要晒目标方向、组织能力、衡量指标的信息以及关键议题的重点等,这些与HRBP有什么关系;客户价值实现的流程中,有哪些不可或缺的伙伴;HRBP能帮伙伴做些什么等。

通过以上的叙述,"晒KPI"的内涵基本上清楚了,那么接下来还要了解与"晒KPI"相关的几个重要的点。

■ "晒KPI"的关键输出是什么

"晒KPI"的关键输出有以下几个方面。

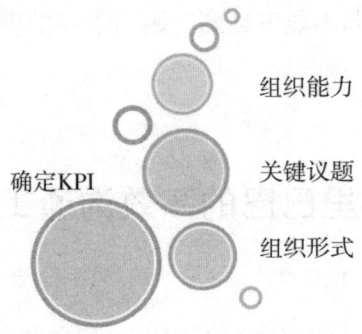

图7-11 "晒KPI"的关键输出

确定KPI,也就是将关键目标转化为关键数字指标,其中包括商家、消费者的问题思考:可以解决商家、消费者哪些问题?进行到了哪个程度?数据战略的问题思考:数据化运营怎么展开?如何将业务数据化?如何对数据进行运营?数字指标的问题思考:数字指标是什么?怎么识别风险?最可能在哪个或者哪些环节出问题?

组织能力,就是确保战略落地的组织能力,其中还要思考几个问题:怎样识别核心组织能力?在战略落地的组织能力中最需要谁给你帮助?你想让帮助你的人关键帮助到什么?

关键议题,就是要识别出跨部门的关键议题,并采取网状结构将其联结起来,让其环环相扣,然后找到这些议题中需要深层讨论的东西,且议题背后还存在哪些问题。

组织形式,也就是合适的组织保障与机制,其中要思考的问题为:怎么样推动业务负责人的领导负责?怎样才能进行持续的回顾?等等。

■ "晒KPI"的关键点

"晒KPI"想要达成其目的,还需要注意以下几个关键点。

1.明确意义

"晒KPI"的目的就是成为战略有效落地的抓手,这是它对业务的意义。因此HRBP就要从这一意义出发,制订战略落地的策略,并持续跟进形成闭环。

2.确保有效沟通

"晒KPI",可以确保与业务负责人之间形成有效沟通,进而也能让"晒KPI"体现它的价值,让大家对它引起重视,共同判断业务以及组织,当下是不是需要晒。

3.要共同携手

"晒KPI",首先需要HRBP建好平台,然后推动其发生,并且在推动的过程中提供必要的资源以及支持。而真正"晒KPI"其实是业务负责人的工作,制订KPI的能力就体现了一个业务负责人对业务、客户以及组织的理解能力,如果理解能力差,那就没有办法找到适合的指标了。所以,在这个过程中,HRBP要与业务负责人共同携手,顺利完成"晒KPI"。

4.达成目的

"晒KPI"的目的是"通",因此在晒的过程中,要不断地判断上上下下是否都通了,这才是晒的真正关键所在。而在这个过程中,HRBP就要在关系以及深度上加以推动,发挥关键负责人的力量,激发他们的智慧与魄力。

■ "晒KPI"的核心是"三通"

在"晒KPI"时,要做好充足的准备,其核心有"三通"。

图7-12 "晒KPI"的核心

人通就是策划一些管理大会活动,让团队成员共同参与、协同体验,让自己感觉被需要。

组织通就是为了有共同的对话工具和语言,HRBP携手行业负责人,通过六个盒子等工具发现组织中存在的问题,并全面且真实地呈现出来。

业务通就是为了达成全局思考和信息对焦,在业务单元(BU)层面,携手绘制业务系统大图。

在人通、组织通、业务通之后,各部门团队成员之间就要积极"晒"了,这样便可以在短时间内发现问题、解决问题。

那怎么才能判断是不是晒"通"了呢?可以与业务部门负责人一同感知、判断,也可以通过一线人员对业务目标的认可度判断,还可以借助六个盒子等工具。

"晒KPI"需要注意什么

"晒KPI"主要有晒前、晒中、晒后三个阶段需要注意的事项。

1. 晒前

首先，在晒前，要进行战略沟通会，由上而下进行梳理，同时要将"晒KPI"的规则提前与业务负责人沟通清楚。比如以业务链为各个小组，各个小组间相互提问和挑战。这样一来，就让业务线上下游了解了不同领域的业务，如此进行碰撞形成共识以后，在开展各自的工作时就知道该注意哪些问题了。

2. 晒中

晒的维度不固定，一般来说，上游要多给中下游以及关联后台晒；高层多给中层以及一线晒；越小的部门，晒得越要具体；需要跨部门协同作业完成的工作，各相关部门间要相互晒。

不同部门可以有不同的晒的方式，关键是要以全局为重，创造共同愿景的机会，同时更为关键的是在此过程中要将问题不断暴露出来。

3. 晒后

晒后不能就不管了，要不断地跟进晒的效果，看有没有达到通的目的。此时HRBP就要和业务负责人一起，看晒的过程中还有哪些环节需要完善调整的，有没有必要再继续晒下去。

同时要进行多次复盘以及阶段性的回顾，也有助于"晒KPI"真正达到"通"的目的。

学会"搭场子"解决冲突

HRBP之所以要做好"老娘舅"的角色,就是因为在工作当中,总会存在这样或那样的误会,这些误会的产生大多是因为信息不流通造成的。因此,为了消除部门之间或者人与人之间的误会,解决期间导致的冲突,HRBP有责任学会"搭场子",让这些误会或冲突消失,让不管是部门之间,还是个人之间,沟通都能保持顺畅。那么怎么做才能让"场子"搭得有效解决冲突呢?这就需要做到以下三点。

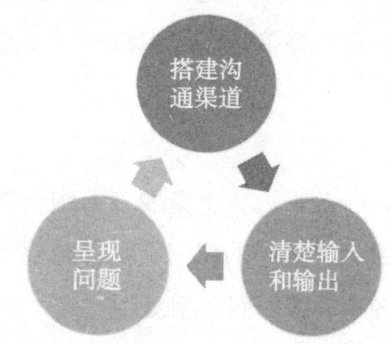

图7-13　如何"搭场子"解决冲突

■ 搭建沟通渠道

"搭场子"解决冲突,其核心是搭建沟通渠道。

阿里巴巴的HRBP为了解决相互间的冲突,并从中发现问题,搭建了员工与员工之间、员工与主管之间、员工与经理之间、经理与主管之间、主管与主管之间、HR与所有人之间真实有效的沟通渠道。由此,在阿里巴巴,不管哪个环节存在问题,只要相互之间通过有效的渠道加以沟通,问题很快就能得到化解。

就拿电子邮件来说吧，它已经成了阿里巴巴企业内部，以及企业与外界之间主要的沟通桥梁，阿里巴巴集团的员工、企业与客户以及供应商之间，也都以电子邮件保持沟通与互动。而且从阿里巴巴集团内部来说，这种方式看似并不是多大的事，但是在它的影响下，员工间存在的等级层次观念降低了，组织间的管理幅度降低了，结构也基本虚拟化了。

阿里巴巴的这种多渠道的建设，就让沟通没有了障碍，避免了冲突的出现，更有效地解决了存在的问题。

搭建渠道的方法其实有很多，比如定期的小会场，或者基于个人关系，大家可以将酒吧作为一个场合，去解决冲突。比如生产部门遇到问题，那么生产总监如果刚好和技术总监关系不错，那么就可以主动将技术总监约到一个咖啡厅、一个茶馆，甚至组织一个饭局，期间将问题摆出来，让技术总监帮忙支着。

当然，更多的场子还是需要HRBP来搭建的。比如针对产品人员和技术人员，将他们约到一起，让他们相互间将问题都说出来。这个过程可能是很平静地协商，也可能是各执己见、互不相让的大声争执，甚至是大吵。但是HRBP要清楚自己搭这个场子的目的，不管他们是平和，还是争吵，都要从中将问题听出来才行。

■ 清楚输入和输出

就像上面说的，HRBP去搭一个场子，但是不能就为了搭一个场子，让双方在那里说、在那里吵，一定要明白你搭这个场子的目的：你到底想要输入什么？结束时，你的输出又是什么？

比如，你发现技术和产品方面存在问题，但是又说不清到底是什么问题。这时候，你就要先去找技术方面与产品方面的负责人谈谈，听听他们对自己的工作的认识，从他们的角度来看，工作中存在哪些问题。一般来说，这样去谈、去聊天的时候，HRBP会听到很多问题。将两方面的问题汇总，找出其中具有共性的部分，这很可能就是问题的所在了。这个时候，你再搭个场子，让技术负责人和产品负责人去开一个会，并且让他们将各自的观点、对问题的看法都毫不保留地讲出来，同时你也要将自己的期许讲出来。这时候，大家就能不断地将问题提出来，并且能够共同探讨到底哪些可以改善，哪些需要替换，哪些能够实现，哪些实现起来存在一定的障碍等。

■ 呈现问题

清楚"搭场子"的输入、输出，目的还是找出其中存在的问题。所以，在搭好场子后，HRBP要懂得把控，在把控中让问题清晰地呈现出来。

很多时候，搭好场子，让双方去谈，他们不会好好谈，大多会剑拔弩张地坚持各自的观点不退让，或者专门揪着对方的问题不放。这个时候，HRBP的把控就不该是去拉架，而是就让他们吵，只要双方不动手，可以让他们一直吵，直到你将其中的问题捋清楚。

在这个过程中，HRBP除了要努力捋清其中的问题所在之外，还要注意观察双方的情绪，不能让他们脱离了你的目的。一旦脱离了、跑偏了，你就要帮他们把思路捋捋，让他们接着上面的话题继续讨论。这样做，一来可以避免他们情绪激动，到了真动手的地步，二来还可以控制整个场子的节奏和步骤。

阿里巴巴搭场子除了提供必要的沟通渠道以外，还有两个动作，用阿里巴巴自己的话来说，一个是给鲜花，另一个是给拳头。什么意思呢？鲜花是美的，所以就是要学会欣赏：欣赏团队，欣赏个人，欣赏你的伙伴等，当然，在欣赏之余，要发现问题；拳头是用来暴击的，给拳头就是要直击痛处，直接将团队、个人乃至伙伴存在的问题揭开，然后给方案解决。

不同的企业，有不同的文化、不同的管理方法，HRBP自然也就有不同的搭场子的方法。所以，上面这些可能对你适用，也可能不适用，但目的就是为了告诉你一种解决冲突、发现问题的沟通方法，只要能最终解决问题，任何方法都是好方法。

第八章
以"业务战略合作伙伴"为工作重心

HRBP要培养自身的战略思维能力、大局意识、对行业发展趋势以及业务动向的判断分析能力，对业务部门在人才管理、人力规划、变革管理等方面提出前瞻性的意见，成为真正意义上的业务战略合作伙伴。

做好战略性人力资源规划

HRBP作为事业部的战略合作伙伴,主要就是负责满足各事业部的战略需求,及时调整人力资源战略,以快速适应外界变化,让企业的战略得以顺利推行。而在这个过程中,就要求HRBP根据企业战略做好人力资源规划工作。比如海尔集团在不断发展中,就非常重视人力资源的规划。

纵观海尔集团从1984年成立至今的整个发展史,不断进行战略发展与组织变革,到目前为止,已经进行了五次大的战略转型。海尔在国际的调查数据中显出了骄人的成绩,尤其是海尔家电,全球销量遥遥领先,全球的营业额更是以几千亿元来计。而在这光鲜的数据背后,是海尔不断变革创新的结果,人力资源就是其中之一。

海尔为了更好在全球范围内吸引和保留一流人才,对集团人力资源进行整合,设计开发了互联网人才引入平台"海尔创吧",通过吸引一流人才,致力于为"海创汇"的创客提供全方位的人力资源服务。这是海尔人力资源为迎合拥抱企业战略转型做出反应的最佳案例。

那么进行人力资源战略规划工作需要注意哪几点呢?

■ 人力资源战略规划的目的

不少企业对人力资源的整体规划都非常重视,希望能够通过人力资源的规划,让企业拥有足够数量和质量的人才,以支撑企业的持续发展,并确保企业战略的实现。

那么，结合企业战略进行人力资源战略规划，又有哪些目的呢？主要有以下几个方面。

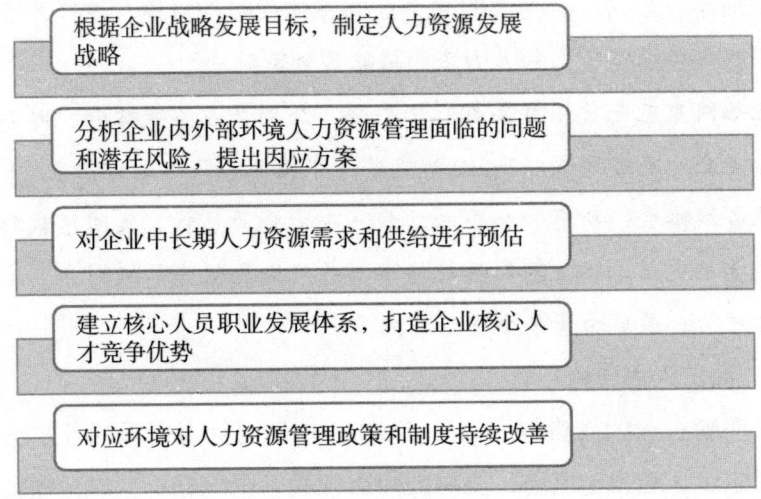

图8-1 人力资源战略规划的目的

■ 人力资源战略规划的流程

了解了人力资源战略规划的目的以后，就要进行战略流程规划了。具体来说，有以下几步。

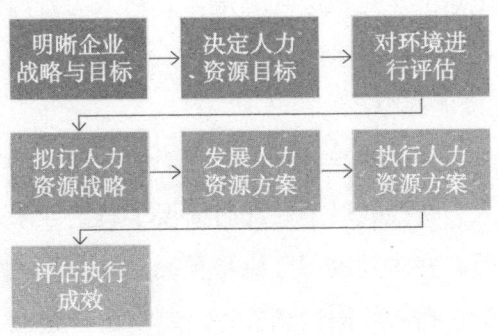

图8-2 人力资源战略规划的流程

1. 明晰企业战略与目标

企业经营的总体方向就是企业战略与目标，所以，HRBP在进行人力资源战略规划时，首先要明确企业的总体战略与目标，这样才能制订出真正提升企业竞争力的人力资源战略规划策略。

比如阿里巴巴集团每年都有三个会，分别是业务战略会、财务会和人才盘点会。财务战略以及HR战略都是根据业务战略制订出来的。

业务战略会，所有分公司的总裁、人力资源总裁、集团总裁都会参与，主要确定第二年主要做的几件事，并且做出优先等级划分。战略制订出来之后，最后由董事会进行审批。

2. 决定人力资源目标

在明晰企业的战略与目标后，HRBP就需要针对所属的部门进行目标的设定了。在设定之前，要对人力资源战略进行分析，再根据企业经营发展的战略拟订具体的目标。

3. 对环境进行评估

环境评估，包括内部环境的评估和外部环境的评估两部分。内部环境包括组织文化、员工士气、组织结构、训练发展、薪酬体系、绩效管理体系、劳资关系等；外部环境包括劳动力市场、经济环境、社会价值观、政府法令法规、国际总体环境等。在评估时，要注意内外环境对人力资源管理有什么意义，是机会还是陷阱，对人力资源未来的影响有哪些等方面的考察。

4. 拟订人力资源战略

明确了企业的总体战略与目标，并且对内外部环境有了评估，那么接下来就要拟订人力资源战略了。此时需要了解企业未来的人力资源需求情况、供给情况，并对其进行分析与预测，结合人力资源管理手段，比如职务编制、员工招聘、测试选拔等，制订出让企业人力资源和企业发展相适应的综合性发展计划。

5. 发展人力资源方案

人力资源战略拟订好后,就要提出并确认。一般来说,HRBP所属部门经理、人力资源部门负责人以及相关的高层领导,甚至是老板,都可能要参与方案的确认。

6. 执行人力资源方案

当方案被确认之后,就要进入执行阶段了,由具体的实践去验证。当然,方案的执行,还需要有专人负责实施,并确保这些人具备目标实现的权责和资源。

7. 评估执行成效

在执行过程中,要针对执行进展情况定期给出报告,这样可以确保整套方案能够在既定时间内被执行到位,执行期间有什么问题可以及时调整,保证执行成效与方案预期一致。

■ 人力资源战略规划的执行

人力资源战略规划很重要,但是执行不到位的话,再好的战略规划也相当于摆设。如何实现人力资源战略规划的有效执行呢?下面具体来看一下。

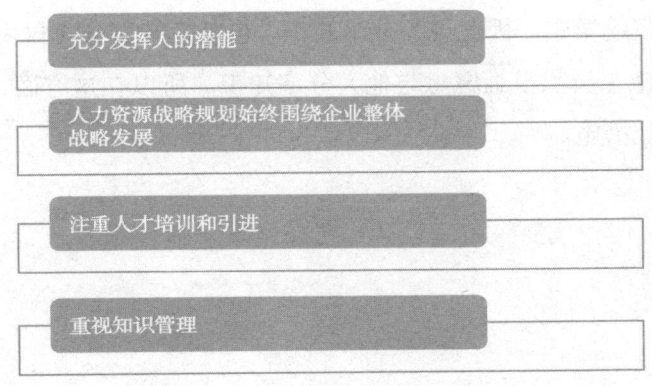

图8-3 人力资源战略规划的执行

1. 充分发挥人的潜能

人力资源战略规划与企业战略是相互依赖的，只有善加运用组织所有的人力资源，充分发挥人的潜能，企业才能让战略落地，才能在激烈的竞争环境中争得一席之地。

2. 人力资源战略规划始终围绕企业整体发展战略

企业战略的落实，处于不同阶段时对人力资源战略的需求有所不同。因此，人力资源战略规划要随时针对企业整体战略需求进行调整，包括人员的规模、组织结构、技术水平以及产品研发、市场开发等多方面的需求。

3. 注重人才培训和引进

企业内部的人力资源要充分开发利用，同时也要适时从外部引进人才，以维持组织对人才的需求。内部人员虽然对企业业务比较熟悉，但却相对缺乏新的管理理念，而外部人员虽然具备新观念、新技术等，但初期对业务运作不够熟练。因此，HRBP要充分利用好内、外部人才的互补。

4. 重视知识管理

对于以知识能力作为主要竞争优势的企业来说，特别要做好知识管理。其实很多组织中，知识依然是权力的来源，尤其是信息掌握量越大，权力就越集中。因此说，分享知识，也就意味着分享权力，如果没有激励措施，员工很难愿意与他人分享知识。所以在这方面，HRBP还要加强管理措施。

关注人才当量密度

企业的竞争说到底还是人才的竞争，人才是组织绩效实现的关键，又是战略落地并最终实现的保证。为此，大多企业都会做大量工作，比如人才盘点、梯队建设等，但却忽略了在人力资源管理方面最关键的一个指标，那就是人才当量密度。

人才当量，指的是一个人的能力等效标准人力的量。这样说可能太抽象，大家不明白，这里就举一个例子。被誉为"中国航天之父""中国导弹之父""中国自动化控制之父""火箭之王"的钱学森从美国回到中国之后，美国有关人士就说"钱学森相当于三个师"。也就是说，钱学森一个人的力量与三个师的力量等同，这就是人才当量。

而人才当量密度，就是将员工队伍的学历、职称/资格、技能等级以及人才等级进行系数折算，四者之中最高的折算值累加的和所占企业所有员工人数的比率。从2012年开始，国家电网公司就开始用"人才当量密度"指标来评价所属企业员工队伍的综合素质，并为国内企业树立了应用这一指标的标杆。

关注人才当量密度，可以提升组织运营绩效。因此想要凸显自身对企业的价值的HRBP，不妨从提升人才当量密度上着手下功夫。那么，提升人才当量密度，又该重点关注哪几个方面呢？

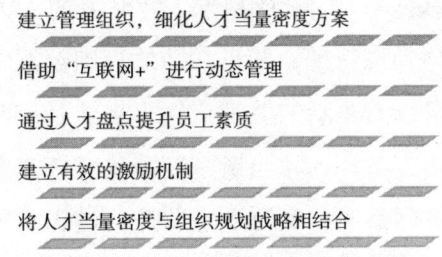

图8-4 提升人才当量密度需要重点关注的方面

■ 建立管理组织，细化人才当量密度方案

要想提升人才当量密度，不管是HRBP，还是企业，都要对人才高度关注起来，从建立管理组织以及细化人才当量密度方案两个方面去推进。

首先，针对人才当量密度指标，企业上下各组织要协同一致，做到统一安排、分级实施、专业负责，并由公司高层牵头负责，人力资源部门作为主导，各部门具体实施，成立人才当量密度提升管理组织，以确保科学、全面、有序地开展人才当量密度管理工作。

其次，要细化人才当量密度实施方案，完善人才指标管控体系的建立，细分各类指标，制订有针对性的措施，尤其是在岗位说明、任职资格、薪酬管理、绩效管理、职业发展、晋升机制、梯队建设等员工相对更为关注的方面进行讲解、贯彻，引导员工关注人才建设方向以及激励措施，帮员工做好职业生涯的规划与发展。同时摸清每个员工的特点，争取将其放于最合适的岗位上。

■ 借助"互联网+"进行动态管理

可以借助"互联网+"，设计基于人才开发的人力资源管理系统，对人才当量密度实现动态管理，并且在绩效管理数据的帮助下，将人才当量密度对组织运营绩效驱动的关键点找出来。制订两个方案：人才当量密度总体提升实施方案和人才当量密度绩效考核方案，并将这两个方案导入到人力资源管理系统，实时动态监控，这有利于对方案实施的及时调控、及时记录，进而让组织运营绩效得到有效驱动。

■ 通过人才盘点提升员工素质

通过定期人才盘点，对各方面不符合任职资格或者组织发展的，要通过制订学历、能力、职称等方面的提升策略，帮助这部分员工达到符合的资格。同时还要制作统计跟踪表单，随时跟踪提升情况。通过任职资格评价体系，让员工清楚自身与其他员工的差距，然后设定目标，并制订措施，达到提升目的。可以在重点培养的基础上，进行月练、季赛、年比的提升模式；也可以请专家到企业内进行内训，或者将一些职员送出去学习相关的知识；还可以由HRBP制订培训开发体系，结合工作实践、管理实践、组织创新、思维理念等方面，为提升员工素质打造平台。

■ 建立有效的激励机制

激励机制是企业提升组织绩效、实现组织绩效的原动力，它不是工具，而是技术，通过有组织地将目标集合或者期望的产出、目标流程、人员、制度等嵌入系统中，让员工更能专注于期望的绩效。

需要注意的是，绩效激励机制一定要建立在实际的基础上，因为只有符合企业发展实际的有效激励措施，才能驱动员工队伍素质的提升与绩效目标的实现。可以采取公司级专家人才的聘任动态管理机制，同时采取定期检查、跟踪、测评等方式，建立健全人才当量密度相关的激励措施；开启"人才培养绿色通道""帮扶1+1"等模式，对有困难的员工施行定制化的提升方案；采取分阶段、分步骤的方式，将各项指标细化分解；定期对员工进行职业生涯发展咨询活动，在学习提升过程中，给予适当的津贴和补贴。

■ 将人才当量密度与组织规划战略相结合

人才当量密度属于管理的创新，它让企业更加重视人才结构、人才梯度以及人才效益，因此，用人才当量密度值来促进队伍素质的提升，是企业可以采用的人才管理法。人才当量密度值可以用下面的公式进行计算：

人才当量密度=$\sum$最高折算值÷企业全部正式职工人数×0.4+新增职业人才数÷企业职业人才总数×0.6

最高折算值指的是职称/资格或技能等级、职业人才、优秀人才折算值。

职称折算系数：高级职称（资格）为1.1，中级职称（资格）为1，初级职称（资格）为0.9。

职业人才折算系数：注册师为1.2，一人具有三个及以上注册职业资质为1.5，具有两个注册职业资质为1.3。

优秀人才折算系数：公司级人才为1.5。公司级人才指的是由公司统一组织评选出来的优秀管理人才、技术人才、技能人才以及其他专业人才。

人才当量密度值清晰指出了提升人才当量密度的方向，这样企业在提升人才当量密度时，就有了针对性的构建培养措施和机制。

所以，通过人才盘点和组织战略规划结合后，发现有人才当量值小于1的人，就可以采取相应的培训措施；而对于人才当量密度值低于1.3的部门，就要制订战略周期内提升人才当量密度的提升方案。

人才的培养和建设是一项持久系统的工作，HRBP要配合企业，进行合理规划、统筹安排，并分步实施，将员工的个人情况与组织发展战略相结合，进而制订详细、具体的提升方案。

保持企业文化与企业战略匹配推进

一个好的企业,光有战略不行,必须得有企业文化作为支撑。具体来说,企业战略与企业文化间有着以下相互依存、依赖的关系。

首先,使命、愿景、核心价值观,是企业文化的核心理念,其确立必须要符合企业的战略规划与发展,同时还必须要顺应外部大环境的变化以及行业的发展趋势。

其次,企业的战略决策以及战略规划,必须要符合企业文化理念的方向与原则要求。否则,很容易让战略目标不清,方向不明。

最后,战略规划制订之后,其有效实施以及战略目标的实现,都需要依赖企业文化的有力支撑。如果没有企业文化对思想、制度的规范与约束,战略目标和方向很有可能在员工群体中得不到有效贯彻,到最后很可能会导致自行其是、严重变形。

因此,在针对企业战略落地与实施时,HRBP有责任和义务帮助企业制订企业文化来与企业战略匹配推进。那该怎么相匹配呢?不妨根据企业战略类型来匹配相应的企业文化。

一般来说,企业战略具有以下几种常见类型。

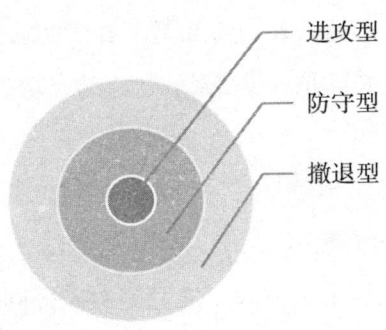

图8-5 企业战略常见类型

■ 进攻型战略该匹配的企业文化

采取进攻型战略的企业，主要依靠技术开发、产品研发、市场开拓以及生产扩大等，不断研发新产品、拓展新市场，以占据市场竞争的主动权，提升市场占有率。

对于进攻型战略，要匹配持续创新为核心的企业文化。为了鼓励大家尤其是核心人员的创新，企业文化的设定，就要营造出一种更利于创新的较为宽松的氛围来，尊重个性，鼓励开拓，敢于尝试失败。

这种企业文化一般会具有以下一些特点：

● 等级身份模糊，不拘小节，行为较为随意，没有严格的约束制度。

比如某IT企业为了早日研发出一项新技术，全体人员，不分老板、员工，在公司同吃同睡，没有确切的上班时间点、下班时间点，大家废寝忘食，为的就是早一天让产品上市，抢占市场先机。

● 企业成员，不管是老板，还是员工，都具备高度的冒险精神以及承担责任的勇气。

比如某游戏软件开发公司，很多创意可能都源自员工，老板愿意陪员工一起尝试、一起编码，上市后是不是能够赢得用户的喜欢一概不知，但依然挡不住大家的兴致。而且员工自己也敢于担负冒险的责任。

● 全体员工基本都是斗志昂扬、渴望成功，且保持高效的工作作风。

● 老板一般都非常信赖自己的员工，相信他们的个人协调能力以及处理不确定事件的工作能力。

● 大家对决策有强烈的共识，尤其是对关键问题都非常重视。

● 企业从上到下，都蔓延着一种独立思考、锐意进取之风。

● 建议只要合理，就很容易被采纳，不管是同级间，还是上下级间，都是如此。

- 创新贡献大的员工会得到高度的评价、赞扬以及奖励。
- 鼓励大家坚持己见，并根据自己的意见与他人进行辩论，最终采用更合理的意见。
- 职位的评定以及收入的多少，完全由个人的实际工作绩效决定。

■ 防守型战略该匹配的企业文化

采用防守型战略的企业，大多是为了应对竞争对手的挑战，投入的资源基本是为了维持竞争力，希望能得到稳定发展。

对于防守型战略，要匹配稳重、严谨的企业文化，工作氛围更严肃，提倡严格的纪律，有严格的管理、控制以及高度的规范化、秩序化和标准化。

这种严肃、严谨的企业文化，一般有以下一些特点：

- 等级层次分明，管理者就要拿出管理者的态度，员工则将自己手头的事情按时按量按质去完成。
- 企业上下秩序井然，少有逾矩，工作环境严肃且安静。
- 企业内部人与人之间有礼、和气，一般的称谓都会带上头衔，使用技术或行政称谓。
- 有明显的反映身份与地位的标志，且很多。
- 成员间尤其重视计划、流程、时间性。
- 只要决策制订并确认了就要坚决执行。
- 对对方的意见表示尊重，很少有激烈的争论现象出现。
- 下级严格服从上级，很少会出现管理人员职责范围内的建议不被执行的情况。
- 尊重权威。

● 职位的评定与收入水平、个人实际完成的工作情况以及私人背景相关。

■ 撤退型战略该匹配的企业文化

采用撤退型战略的企业，一般是在竞争中处于劣势的一方，或者企业所研发的产品已处于衰退期，且严重滞销，抑或存在财务危机等。此时，为了应对面临的竞争威胁，企业就不得不有所牺牲。

撤退型战略因为多会采取"弃卒保车"的策略，势必会砍掉一些不景气的部门，比如某些生产部门或销售部门。但是这些部门的成员，尤其是在部门中干了很长时间的员工，砍掉部门，就等于砍掉了他们的工作或者晋升的机会，所以，这些员工多会极力反对。此时就需要企业用恰当的方式来回报这些员工，比如给予合理的现金补偿等。这种反对、抵触的情绪一旦处理不当，不但会继续助长当事人的不满和抵触，甚至还会影响其他部门员工的工作士气，让长期以来形成和保持的文化氛围遭到破坏。

除了企业内部的关系要协调好以外，与企业外部的供应者、合作者、消费者之间，也要处理好关系，力争继续维持企业良好的企业形象，避免带来负面影响。

对于这种类型的企业战略，就非常需要企业文化的支撑了。所以与之相匹配的企业文化，一定要既可以稳定内部成员的心、鼓舞士气，又要能继续保持企业良好的企业形象与公共关系。

上面介绍了三种与企业战略类型相匹配的企业文化，当然，具体情况还要具体对待，HRBP要根据自身所处公司的情况，协助企业营造出最符合企业战略的文化。比如所属企业为服务型企业，那么在构建企业文化时，就要以"服务至上"为核心。

"六个盒子"：盘点现状，打开未来

从传统职能型HR向业务导向型HR转变，作为业务的合作伙伴，HRBP除了要提供传统的HR基础服务外，还要在对业务加以了解的基础上，提出与业务发展有关的HR甚至是非HR的建议和解决方案，这就是对HRBP提出的具有挑战性的任务。为了帮助HRBP深入了解业务及组织，下面就来为大家提供一个组织诊断与业务诊断的模型工具——六个盒子。

■ 六个盒子是什么

六个盒子也叫维斯博的六盒模型，具体包括以下六个"box"。

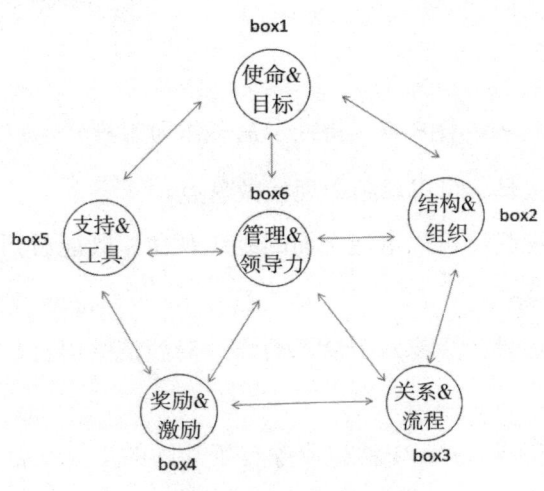

图8-6 六个盒子

这六个"box"，可以帮助HRBP"盘点现状""打开未来"，将目标梳理清楚，找到实现目标的途径、方法，帮助HRBP对业务组织的轮廓有全面的认识，包括业务组织中所包含的问题、劣势、优势等。

■ 六个盒子怎么用

有了这六个盒子,让HRBP的工作更明确、清晰,哪怕业务和组织架构有改变,依然能很快将各方面工作的现状以及未来的目标梳理清楚,让工作开展起来更容易。可是六个盒子怎么用才能帮助HRBP有效开展工作呢?其实并不难,梳理后,会发现它其实可以作为以下几种工具。

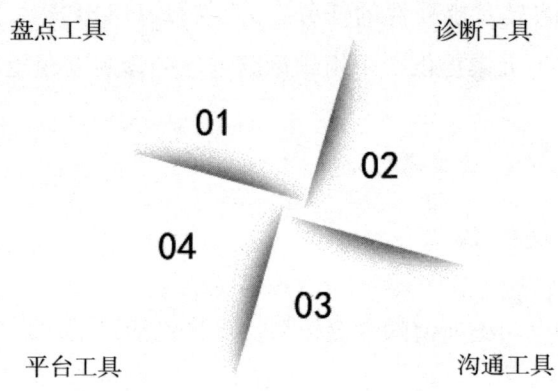

图8-7　将六个盒子作为工具

作为盘点工具,可以就组织现状做盘点。

作为诊断工具,可以搭建全面的组织视角,既能看到单个问题,又能看到组织的全貌。

作为沟通工具,是将六个盒子当作一套简洁的语言,在组织状态下进行有效沟通。

作为平台工具,HRBP就与业务有了共同的工作平台,在这个共同的平台上,大家更容易有效展开工作。

六个盒子尤其适合刚进入某家企业人力资源部门,对新的团队、新的组织架构都不太了解的HRBP,通过以上几方面的工具应用,能够快速且全面地了解。

了解了六个盒子的工具作用，那么接下来就要知道该如何去有效利用这些工具，也就是说，该通过什么样的方法起到盘点、诊断、沟通、平台的作用。此时不妨通过问问题的方法来实现，将所有的问题都罗列出来，然后分清主次，梳理"脉络"。

怎么问问题呢？其实这跟每个盒子的设定是有关系的。因此，我们就一一针对每个盒子进行提问。

1．使命&目标

使命&目标，即战略蓝图是什么？是通过未来三年实现，还是通过五年或者更长的时间来实现？在实现的过程中有哪些阶段性的目标，即里程碑？如何进行关键指标绩效考核，即核心KPI是什么？确定了核心KPI，那么核心KPI和里程碑，哪个处于优先？……

2．结构&组织

对于第二个盒子的结构或组织部分，组织架构的现状如何？主营业务由哪些部门负责并支撑？辅助业务由哪些部门负责并支撑？组织结构内部的权责，不管是横向的还是纵向的，是不是都清晰、明确，各层级的关系是否都明朗？关键岗位是哪些？关键岗位是否处于组织架构的核心？关键岗位的人员配置情况怎样，他们的能力和业绩是否真的能够匹配关键岗位？未来组织架构还需要做出哪些调整，以及在人员方面还需要做出哪些配置？……

3．关系&流程

对于第三个盒子，核心职能、核心流程有哪些？目前的运行状况怎样？正式与非正式组织或团体有哪些？正式组织内的层级关系是否清晰、明确？……

4．奖励&激励

对于第四个盒子，HRBP需要了解的就是激励措施。主要包括绩效、薪酬、福利等方面，奖励的依据是什么？主要奖励什么？是以薪酬的方式体现,还是以福利或其他方式体现?……

5. 支持&工具

第五个盒子,需要重点了解的是有哪些支持。这就需要了解内外资源都有哪些?具体的解决问题的工具和方法有没有?有的话又是怎样的工具或方法?……

6. 管理&领导力

第六个盒子属于"大家长"型,时刻审视其他五个盒子,有问题及时修正、调整……

借助这六个盒子,并带着这些问题甚至是更多的问题去层层剥开摆在面前的障碍,作为HRBP的你就会发现,你对整个组织有了更深的了解。真正了解了组织,在此前提下,再展开手脚、开展工作,势必更有针对性。

当然,这六个盒子也不是万能的,在应用时还需要注意不能"过度"应用。具体来说,有以下几点需要注意。

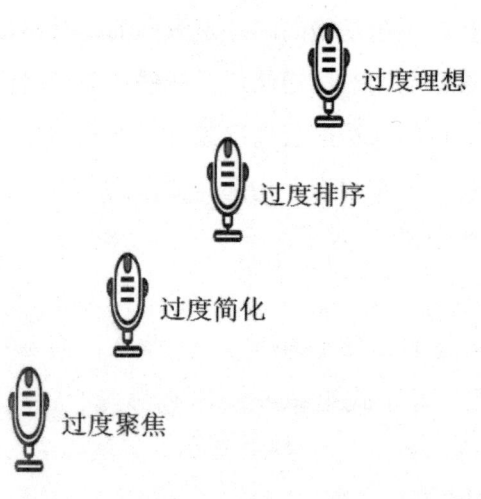

图8-8 应用六个盒子的注意事项

六个盒子是同时存在的,在应用时也是需要注意它们的动态变化的，不能将所有问题归到一个盒子上，也不能只关注某一个盒子，不能忽视它们彼此间的相互影响、相互作用，更不能将六个盒子当作开展工作的唯一工具、万能钥匙，还要全方位地考虑各方面因素。

GAPS：将培训与业务需求成功对接

某企业的CEO在访谈中曾说："培训部门不能生活在一个成本中心的世界里，他们只是想着花费多少培训预算以及如何花出去。其实，培训不是费用，而是投资。他们需要解答投资回报问题，为业务增长做出明确的贡献。"

传统HR在培训方面，多是为培训而培训，培训结束后，问题依然存在。但是转型向HRBP后，就要考虑培训并不是单纯的培训，而是让培训真正与业务紧密相关，让培训真正起到解决业务部门存在的绩效不佳，发展受阻等问题。

之所以传统HR在培训后依然不能解决问题，原因就在于培训是与业务脱节的。HRBP在培训时，首先要解决的就是怎么让培训与业务密切联系起来。这就要求HRBP在培训时，不能紧盯着岗位任务和人员发展这两个层面，否则将无法让培训给企业带来业务上的价值，培训部门的价值也无法体现出来，甚至到最后成了可有可无的一部分。

因此，HRBP在培训开始前，还应以业务目标为导向，对组织的业务需求进行深入分析，找到其中亟待解决的真正问题后，比如是业务绩效一直提不上去，还是发展上遇到了瓶颈无法突破？然后再设计有针对性的培训。

为了能够确保培训与组织业务需求密切相关，在此为大家推荐

GAPS模型，它能够让培训与业务需求成功对接。

GAPS模型是包含四个方面的一种方法论。

图8-9　GAPS包含的四个方面

通过图8-9我们就可以看出，借助GAPS模型，HRBP只需要思考四个问题：应是什么样（设定目标）→目前怎样（分析现状）→为什么成这样（确定原因）→如何解决才能达到应有的样子（提出解决方案），弄清了这四个问题，进而便能让培训与业务需求成功对接了。

HRBP如何才能弄清这四个问题呢？接下来我们就看一下。

G：设定目标

目标有与业务结果相挂钩的业务目标，也有与从业人员挂钩的绩效目标。

图8-10　业务目标和绩效目标

HRBP首先需要做的，就是梳理公司的业务目标和绩效指标，并将这两者分解为部门的目标和指标，接着再将部门目标和指标分解为员工绩效指标，让每个员工都清晰地知道自己的目标任务。

在此需要注意的是，在将目标和指标分解到每个员工时，目标一定是非常清晰、明确的，且HRBP需要帮助业务设定完成目标、达成绩效指标的行动计划，也就是要让每个员工都清楚，他们到底该做什么以及怎么做。

A：分析现状

在分析现状时，最重要的就是了解目前达成的实际水平与设定的目标水平的信息，从中找出两者之间的差距。主要通过两个方面去达成。

01 问问题

02 问人

图8-11　通过"问"分析现状

不管是问问题，还是问人，都要注意问对。这就要求在问问题时，所问的问题符合以下三个特点。

 开放性

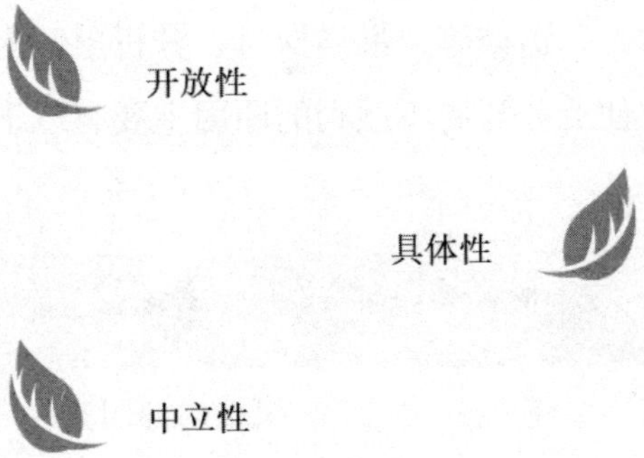

 具体性

 中立性

图8-12　分析现状时所问问题的特点

开放性的问题没有标准答案，可以通过调查问卷的形式展开，也可以通过访谈形式展开。

具体性的问题就有一定的针对性了，要将关注点落在业务需求和绩效需求上。

中立性的问题具有客观性。

在问人时，不能随便找人去问，一定要有针对性，重点是问以下两类人。

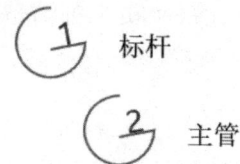

图8-13 分析现状时要问的对象

问过问题、问过人之后,通过收集文档、有效调查问卷、访谈纪要中用户确认的不足等,罗列并简单地描述现存的不足之处。通过调查问卷、访谈纪要等,提取出有价值的用户对未来的期望,且简单描述出来。

P:确定原因

在探寻原因的时候,一定要站在组织角度、业务角度去梳理问题,并用探索问题、解决问题的态度去找问题。从这样的角度,并带着这样的态度进行小组讨论、访谈等,最终探讨、分析出原因。

总体来看,致使业务开展不顺利的原因主要有以下两个方面。

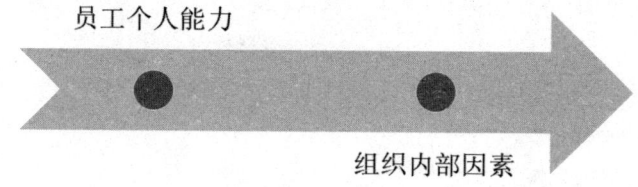

图8-14 业务开展不顺利的原因

因此,主要从以上两个方面重点寻找原因,一般都能将问题一一揪出来。

注意,在探寻原因时不能过度或故意向人的角度引导,要重点听取业务分析,从中找出致使问题出现的痛点;也不要制造问题,而要抱着探索、解决问题的心态倾听问题。

S:提出解决方案

经过前面递进的三个问题的分析之后,业务需求基本已经分析清楚，此时就要制订出合理的解决方案，进而制订培训策略、项目。

一般来说，员工个人能力和组织内部因素是导致业务出现问题的原因。若是原因在员工，也就是个人能力不够时，可以针对提升员工的知识、技能以及心理改善等来制订培训项目；若是原因在组织，那么就要在业务流程、环境等方面进行改善和优化。

通过以上叙述，相信各位HRBP对GAPS模型工具以及它的使用有了一定的了解，接下来就在培训中真正体现出业务伙伴的价值吧。

KANO模型：识别业务真实需求和痛点

作为业务合作伙伴，如果在工作当中抓不住业务的真实需求和痛点，就会为HRBP工作带来莫大的阻力，甚至让业务部门诟病不断。

比如有核心员工离职了，业务经理要求一周时间内招到一个人来补上这一空缺，并且给出了条件、要求。HRBP按图索骥好不容易找来了人，业务经理却一点儿也不满意，因为找来的人并不是业务经理真正需要的。

还有在工作中，虽然一直都是按照其他部门的要求在赶进度，但需求列表还是在不断增加，即便尽心尽力地将所有列表上的需求都达成了，最终各部门还是有很多怨言。

为什么会出现这种需求是一种，设计是一种，最终得到的结果又是一种的案例呢？究其原因，就在于HRBP没能识别到业务的真实需求和痛点。为了让HRBP识别业务的真实需求和痛点，在此为大家介绍KANO模型。说到KANO模型，首先要了解两个度量维度——满意度和功能完善程度。

"满意度"是在实现了用户的某个需求后，用户的满意程度，具体有以下几个级别。

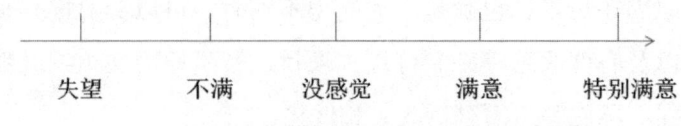

图8-15　用户的满意度级别

第二个度量维度"功能完善程度"，是用来度量某个功能被实现的程度，具体有以下几个级别。

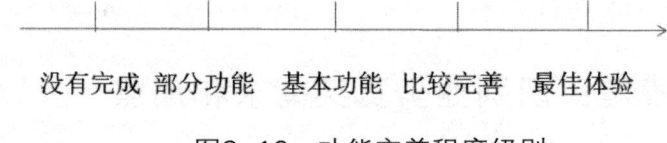

图8-16　功能完善程度级别

通过以上两个度量维度，我们可以用一个象限图来表示用户对产品功能的满意程度，即用户对产品功能的感受。

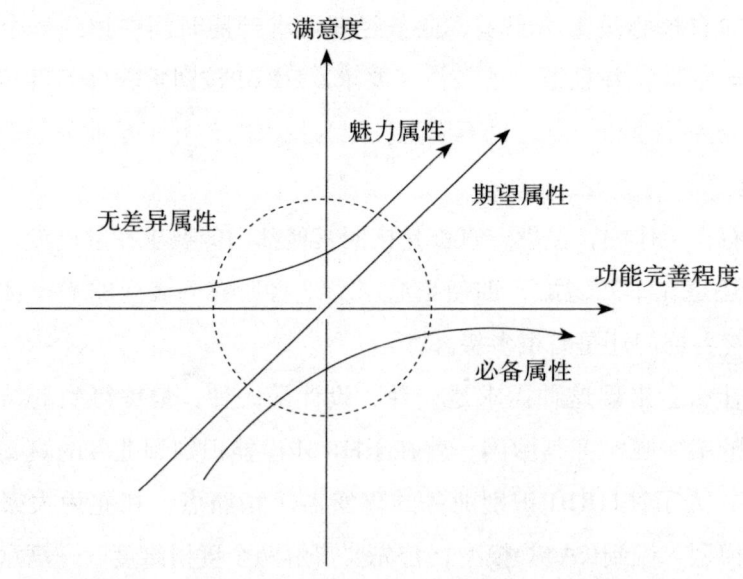

图8-17　用户对产品功能的满意度

必备属性。没有这个功能，用户会认为这是件未完成品，没法使用，满意度随之会大幅降低；不过，如果优化这一需求的话，用户的满意度依然不会提升。可是，没有这个属性，产品又没办法使用。就像手机必须具备通话功能、汽车必须具备刹车功能一样，不具备则不能用，但也不需要再为此过多投入。

期望属性。这类需求与用户的期望契合度非常高，实现此需求的程度越高，用户的满意度越高；如果不提供此类需求，用户的满意度则会降低。就像大家每天使用的手机一样，储存功能越强，大家的满意度越高，电池待机时间越长，大家的满意度也越高等。此类需求，只要继续提升其优势，用户的满意度就会随之增高，因此要集中精力满足此部分需求。

魅力属性。这一需求是令用户意想不到的，没有这一需求，用户的满意度不会改变，但是加上这一需求，用户的满意度会大幅上升。就像手机，原本是用来作为通信工具使用的，但随着科技的发展，手机逐渐增强了拍照、摄像的功能，优质的拍照、摄像手机就增加了自身的魅力值，让用户大为满意。不仅如此，如今的手机可谓"小世界"，只要具备上网条件，随时随地都能买到想买的东西、找到想去的地方、看到想看的电影，可谓无所不有。随着这些附加功能的逐渐完善，到如今人们已经放不下手机，只要有时间就想拿起手机来看看。因此，在这部分需求上也要投入大量的精力、财力等。

无差异属性。这类需求不管有没有，都不会影响用户的满意度，因为用户根本不会去关注它。对于这类需求，就没必要投入时间、精力等，要转移到更有价值的需求上去。

了解了这些需求的属性特点，那么接下来，HRBP在工作中就要对自身客户的需求进行有效识别了。举个例子来说，某杂志社一个非常重要的专题策划编辑要辞职，传统的HR可能会按照老板交代的要求，按图索骥，重新找到一个策划人员，但是老板面试后却不满意，还让继续再找。而业务需求意识很强的HRBP就需要识别老板的真正需求了，这里不妨就按照以上的需求属性来展开。

1．必备属性

目前的同事为什么要辞职？有没有可能通过一些途径让其留下来（比如加薪、弹性工作时间等）？实在不能留下来的话，能不能让他帮忙推荐适合这个职位的人（毕竟在这个职位上就职的人最了解哪些人最适合这一职位）？

2．期望属性

老板最期望的是什么？专题策划编辑是杂志社非常关键的一员，老板自然期望招聘的人熟悉编辑策划工作，经过短时间的培训就能上岗，并能做出选题。那么，接下来，HRBP想要招的人就必须要具备专题策划经验，且有自己独到的见解。

3．魅力属性

要让老板意想不到。找到具备至少3年及以上专题策划经验者，且能马上上岗，上岗即能策划选题。

4．无差异属性

哪些需求可以适当放宽，还不影响工作的正常运作？比如老板要求引进985院校硕士毕业生，但可能专题策划编辑对学历的要求不是特别高，通常要对市场的关注度、敏锐度较高，因此在学历这条上是不是可以放宽，以对方的实际编辑策划能力为主。如此通过识别用户的真实需求和痛点来筛选最为合适的人选，HRBP势必会让所有部门主管或经理，甚至是老板都能满意。

"BLM模型"助力战略规划

企业战略规划也不是眉毛胡子一把抓的,是有重点的,其重点就在看清方向、抓住机会、理顺业务、设计组织、落实执行几个板块上,这样制订出来的企业战略规划才具有核心竞争力以及差异化优势。这里就为大家推荐一套战略制订与执行的模式与方法论——BLM。

BLM是IBM在总结自身多年经营管理经验的基础上形成的,认为企业战略的制订与执行,受以下八个相关方面的影响。

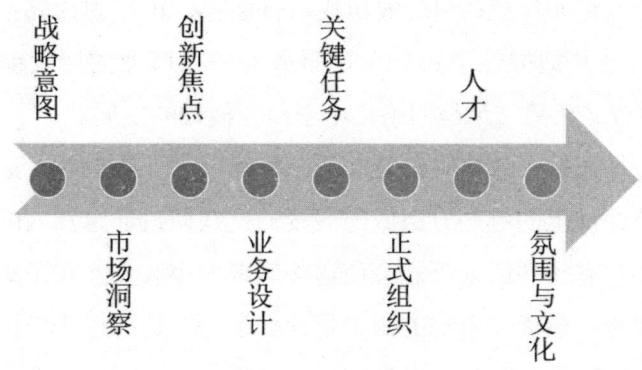

图8-18　影响企业战略制订和执行的八个方面

■ 战略意图

战略意图是组织机构的方向以及最终要实现的目标,也是企业战略制订的思考起点。好的战略规划,都是从好的战略意图与战略目标的陈述和表达开始的。再结合业界备受欢迎的SMART原则〔绩效指标必须是具体的(Specific),绩效指标必须是可以衡量的(Measurable),绩效指标必须是可以达到的(Attainable),绩效指标是要与其他目标具有一定的相关性（Relevant），绩效指标必须具有明确的截止期限（Time-bound）]，设立一组具体的战略目标。

在这点上，要考虑战略意图的业务设计是否可以提升战略重点。

■ 市场洞察

市场洞察是为了了解客户的需求、竞争的趋势、技术的发展以及市场的变化，借此来分析未来的机遇以及企业可能会面临的挑战与风险。

就说20世纪90年代IBM的成功战略转型吧，正是因为郭士纳洞察了两个市场机会并把握住了：一个是服务业务在IT业的巨大前景于整合IBM资源的意义；另一个是网络化电子商务模式的发展。

通过市场洞察，IBM的相关人员会明确以下一些问题：业务设计是从客户以及经济上的哪些方面做的假设？这些假设通过深入的市场洞察还能成立吗？有哪些因素可能会使这些假设发生改变？在了解客户的需求时，发现客户最优先考虑的因素是什么了吗？这些优先考虑的因素对IBM的影响有哪些？有什么因素让你不得不与竞争对手的业务设计产生差异性？

■ 创新焦点

IBM将创新作为战略思考的焦点，目的就是获取更多思路与经验。创新的焦点并不是局限于IBM内部，而是展开企业和市场同步的探索与试验，这样就可以从大量的资源中过滤想法，并通过小规模的实践以及深入市场的实验验证新的想法，接下来才进行谨慎的投资与资源处理，合理规避一些行业风险，并能积极应对行业变化。

在创新焦点方面，要考虑这样几个问题：如果之前的业务设计不合理，那么新的业务设计是不是能够抓住新的价值来源？这种价值来源具有可持续性吗？客户优先考虑的因素变化让业务设计发生了哪些变化？有可替代的设计能够满足下一轮的客户优先考虑因素吗？

■ 业务设计

业务设计是对外部进行深入理解，具备选择客户、价值主张、价值获取、活动范围以及战略控制五个要素。战略意图、战略思考都要归结于业务设计中去，并为利用内部能力以及战略控制点的探索提供替代业务设计的基础，也就是如何利用企业内部现有的资源，创造可持续的战略控制点。

在进行业务设计时，要注意这样的问题：新的业务设计是不是建立在现有资源的基础上？如果不是，超出了能力范围，还有没有新的资源、新的能力作为补充？

■ 关键任务

关键任务就是满足业务设计及价值主张要求时必须采取的行动措施。它的设定联结了战略与执行的轴线点，让执行的关键任务事项及时间节点更为明显，而且关键任务的提出，对企业的流程改造也提出了具体要求。

在关键任务方面，要注意以下问题：关键任务是不是支持业务设计以及价值主张的实现？关键任务中有没有包括重要运营流程的设计以及落实方案？关键任务真正做到联结战略与执行的轴心点了吗？在其他部分执行时，关键任务是其基础吗？做年度性以及季度跟踪调查衡量了吗？

■ 正式组织

正式组织是确保关键任务以及流程有效执行的保障。展开新业务时，需要大量投入人力和资源，才能确保新业务的顺利执行。而在保障新业务执行时，就需要建立相应的组织机构以及管理和考核标准，其中人员单位的大小与角色，管理与考评，奖励与激励体系，职业规划，人员和活动的物理位置等，都要纳入管理和考核标准中，以便管理者指导、控制与激励。

在此也要思考一个问题：正式组织是不是对关键业务的执行进行了支持？

■ 人才

推动战略的执行自然少不了人才，这些重要岗位的人员，要具备相应的能力，才能让战略目标实现。在人才方面，要重点注意几个问题：人才需求有没有详细的定义？可以通过哪些途径获得人才？人才培养有哪些具体的方案？人才激励有哪些具体的措施？如何做到高员工留存率？新生代的员工留存从哪几方面入手？

■ 氛围与文化

企业的氛围与文化影响着战略的落地、执行与实现，而一般从企业管理风格中便能够看出氛围与文化。常见的管理风格有强制式、身先士卒式、教练式以及授权式，在知识密集型经济时代以及互联网时代下，大多数企业都向开放、授权、共享的氛围与文化转型。

在氛围与文化中,要注意以下几个问题:管理与领导的风格是不是能够促进战略的落地、执行和实现?组织氛围有没有与企业战略在同一轨道上?企业文化是不是与企业战略相匹配?

IBM公司之所以能够成就卓越,就在于它能够借助这一BLM模型,不断地提出挑战自己的远大目标,并完成这些目标。让团队深深地意识到目标对企业的深远意义,让员工愿意和公司一起建立实现目标的共识,然后不断地分析市场,给出策略,最终让战略目标得以实现。

因此,在制订战略规划时,HRBP不妨借鉴一下IBM的BLM模型工具。

人岗匹配要适应组织机构的变化

大家都知道,企业的组织模式,就是为了适应企业组织发展、行业发展以及客户发展的需要。在企业人员相对固定的前提下,针对战略变化做出的组织结构的调整,往往会导致企业人员与岗位不匹配等问题。因此,如何在组织结构变化的情况下,解决人岗匹配的问题,就成了摆在HRBP面前的新问题、新挑战。

为什么出现人岗不匹配现象?具体来说,有以下两个方面的原因。

图8--19 人岗不匹配的原因

对于"现有人员无法适应组织结构改变后的岗位要求"这点，包含两个方面：第一个是改革后，岗位的职责覆盖面过大或者岗位职责要求较高，原有员工自身的能力、素质无法达到结构改变后的职位任职要求，导致人岗不匹配；第二个是员工不适应原有岗位的相关要求，在组织结构改变后，不适应职位要求的情况更为严重，因此加剧了人岗不匹配的矛盾，让企业的人员机制无法正常运行。

比如某大型企业设计部的李旦是名牌大学毕业的硕士研究生，创新意识强。公司领导认为他很有发展潜力，投入了大量精力和时间来培养他。李旦也确实不负领导期望，承担的几个大型设计项目都圆满完成了。在企业变革转型后，领导提拔李旦为设计部的项目经理，负责带领项目组成员完成企业交给的设计项目。然而，问题出现了：时间不长，李旦就难以掌控局面了，管理上频频出问题，搞得他焦头烂额，负责的几个项目也都"烂尾"，不仅上级领导意见很大，下属对他也是抱怨连连。提拔他的领导更是困惑不已：怎么表现如此优秀的一个员工提拔后就不能胜任了呢？后来才弄明白，李旦虽然设计能力非常强，但是却缺乏人际协调能力，同时影响力、组织能力稍有欠缺，因此提拔后才出现了人岗不匹配的问题。

上述案例中，被提拔后，李旦不但需要负责设计，同时还得做好管理，但是他在管理方面的能力和素质欠缺，因此才会出现人岗不匹配的问题。

对于"因为组织结构设计不合理，出现'大人穿小衣'的现象"这点，主要是因为外界环境的变化，致使企业原有组织结构设计不合理，必须进行重新设计，否则就会导致现有人员脱节，出现"大人穿小衣"的现象：员工自身能力很高，但却因为结构设计的不合理屈身于与自身能力不符的岗位上，由此限制了员工的积极主动性的发挥。

不少公司在发现人岗不匹配后，会马上想解决的办法，比如上例中的李旦提拔后带来的问题，企业领导就采取了一定的措施。

李旦因为不能胜任领导给予的管理岗位工作，公司领导提出引入能力素质模型，想着能够以科学的管理手段来提升企业的管理水平。不过，投入使用后发现，外部能力素质模型大多属于定性描述，比如其中有一级、二级等解决问题的能力等级划分，但基本都是一些评价标准，欠缺科学、明确的描述与做法，实际应用时也很难对几个等级进行明确的划分，受评价人员的主观因素影响大，对人员的选拔与晋升无法起到有效指导作用。后来，企业领导通过专业人士的指导，建立了一套定制式、能落地的能力素质模型，起到了公平、公正的人员选拔与配置作用。

那么，针对组织结构改变所致的人岗不匹配的情况，具体又该怎么做呢？我们就从引起人岗不匹配的两点原因来给出建议。

■ 当现有人员无法适应组织结构改变后的岗位要求时

当现有人员无法适应组织结构改变带来的岗位要求时，不妨采取以下两种方法解决。

图8-20　当现有人员无法适应组织结构改变后的岗位要求时的解决办法

1. 结构性裁员

结构性裁员指的是因为企业的业务方向、提供的产品或服务发生改变，让内部组织机构发生重组、分立、撤销而引起的集中裁员行为。在因为环境变化、组织结构调整引起人员冗繁、员工不胜任等问题时，进行结构性裁员，可在短期内迅速实现人员精编，让企业进入正常运转状态中，提升企业效率。

但在采用这一办法前，要先做好裁员方案以及被裁人员的安排，同时要与工会以及员工做好沟通，对被裁以及留用人员进行心理疏导，避免员工出现逆反心理。同时，在裁员时，还要注意不能损伤企业的形象以及品牌价值，要准备好相应的公关活动以及及时的补救措施。

2. 再上岗

企业转型导致组织结构改变时，还是想尽可能保留原有企业员工，以避免企业形象的损失，并稳定员工的不安情绪。不过要想做到这点，就需要对现有组织的冗余人员进行合理划分，对其工作能力以及工作素质重新进行评估判断、考核，看其是不是符合新增岗位的后备人才所需。如果经过重新评估，发现员工的能力和素质符合新增岗位需求，那么企业不妨对其加以培训，让其重新上岗。这样既可以避免前期人力资源的投资损失，还可以稳定员工情绪，照顾员工心理，增加员工满意度、忠诚度以及归属感，更有利于企业建立良好的品牌形象。

■ 当组织结构不合理，出现"大人穿小衣"的现象时

当组织结构不合理，出现"大人穿小衣"现象时，不妨进行以下两个方面的调整，以实现最佳的人岗匹配。

图8-21 当组织结构不合理时的调整方法

1. 重新设计组织结构模式

如果想要从根本上避免这种现象的出现，可以直接结合企业现有人员以及素质结构，对组织结构模式进行重新设计。不过在设计时，要注意坚持以下几个原则。

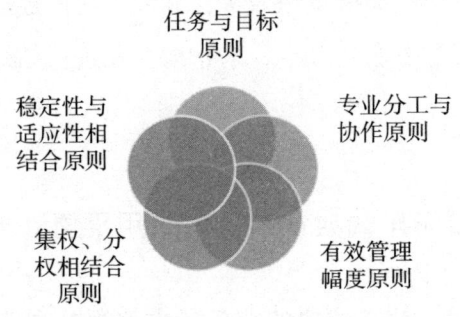

图8-22 进行组织结构模式设计时的原则

2. 实现人员的重新再利用

企业组织结构发生变化，可能会出现新增业务，此时，企业不能单纯对冗余人员进行裁减，最好是对人员以及新增业务进行盘点。毕竟企业业绩、经营模式以及客户模式的创新等都需要人才，如果结合新增业务将冗余人员重新利用，无疑会为企业节省大量人力成本、招聘成本等。

总之，无论外部环境还是内部组织结构如何变化，想要让每位现有员工为组织带来尽可能大的价值，关键就是做好人岗匹配，对组织结构进行合理设计。

平衡计分卡：加强战略执行力的最有效管理工具

平衡计分卡，是一种从财务、客户、内部运营以及学习与成长四个维度，将组织战略落实为可操作的衡量指标与目标值的一种新型绩效管理体系。设计它的目的就是保证企业战略的有效执行，因此人们称它是加强企业战略执行力的最有效战略管理工具，有了它，便能有效解决制订战略与实施战略之间脱节的问题，让战略执行更顺利。

如今，国内诸多企业认识到了平衡计分卡的优越性，纷纷在自己的企业内采用平衡计分卡，但是有的企业通过利用它取得了立竿见影的效果，有的企业不但没能解决绩效考核问题，反而还让考核变得更加无序。那怎么才能用好平衡计分卡，来帮助企业进行绩效评价呢？我们首先来看两个案例。

■ 案例一：可口可乐瑞典饮料公司采用平衡计分卡

可口可乐公司以前在瑞典的业务是由啤酒公司普里普斯公司代理的，1996年，该公司代理许可协议中止，可口可乐公司于第二年春承担起了销售任务，并从第三年年初开始负责生产任务。

可口可乐瑞典饮料公司决定采用平衡计分卡，从财务、客户与消费者、内部经营流程以及组织学习与成长四个层面来考量其战略行动。

在开始推广时，可口可乐瑞典饮料公司的高层管理人员先召开了三天的会议，将公司综合业务计划作为讨论内容，而与会的每位成员都要履行几件事：定义远景；设定大致三年的长期目标；对当前形势进行描述；对不同体系与测量程序定义参数。

因为当时可口可乐瑞典饮料公司刚成立，因此讨论的结果是需要大量的措施，并且最终将关注的焦点放在了与战略行动相关的关键测量上。

在构造公司的平衡计分卡时，可口可乐瑞典饮料公司的高层管理人员设法强调了保持各方面的平衡，因此分三步采用了一种循序渐进的过程推进。

第一步，阐明与战略计划相关的财务措施，并以这些措施为基础，设定财务目标以及实现目标的行动。

第二步，在客户和消费者层面依然以战略计划相关的财务措施为基础，同时还要不断地问自己：完成财务目标时，客户必须怎样看待我们？

第三步，就是公司向客户及消费者转移价值所必需的内部过程了。此时管理层要问自己：是不是具备足够的创新精神？是不是愿意为了公司以一种合适的方式发展而变革？

经过这些过程，并且不断地重复几次，可口可乐瑞典饮料公司最终确保各个方面达到了平衡，所有的参数和行动都朝着与战略计划相关的财务措施发展。

同时，可口可乐瑞典饮料公司将平衡计分卡概念分解到了个人层面上，并仅依靠那些个人能够影响到的计量因素来评估个人业绩，目的是通过测量与其具体职责相关的一些指标来考察他的业绩，并依据几个指标上的得分建立奖金制度。由此，公司就将焦点落于各种战略计划上了。

平衡计分卡在可口可乐瑞典饮料公司的实施，表明了它并不是一成不变的，是动态变化的，并且每年都会进行检查和修正。

当然，平衡计分卡在可口可乐瑞典饮料公司的实施，也遇到了很大的挑战，那就是既要寻求各层面的不同测量方法间的平衡，又要确保支持该概念推广的信息系统的通畅与完善。此外，还要确保每个人都能及时提交所掌握的所有信息，而且，还将信息的提交也纳入了业绩考核当中。

■ 案例二：联想集团采用平衡计分卡

联想集团在2002—2004年，手机销量都非常可观，到了2006年，联想移动已经成为国内一流、国际有名的手机厂商。所以，当时联想集团的美好前景蓝图已经规划好，成败与否就取决于团队的执行了。而接下来，联想集团必须要构建一种价值导向的业绩系统，可以及时、有效地反映公司的综合经营状态，使之趋于平衡和完善，以利于公司中长期平衡、妥当发展。于是公司就引进了平衡计分卡。

那么联想集团是如何运用平衡计分卡业绩系统的呢？下面就具体来说一下。

1. 平衡计分卡为什么能保障公司业绩系统的平衡性

平衡计分卡是从四个不同维度，提供了一种考察价值创造的战略方法。

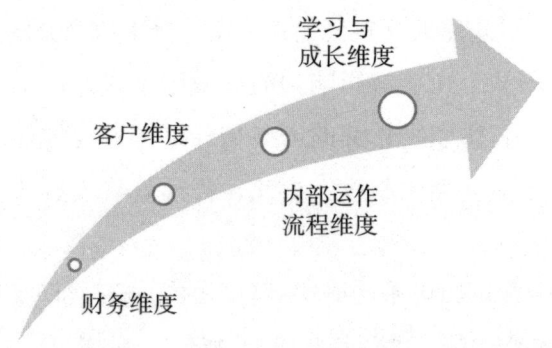

图8-23　平衡计分卡的四个维度

联想集团也是从这四个维度出发制订了战略。

财务维度。从财务维度来说，目的是帮助企业创造价值，增加经济收益。其中包括销售额、利润额、资产使用率等。

客户维度。从客户维度来说，目的是关注客户的需求与满意度，重点从交货时间、质量、服务以及成本几个方面去关注。几个客户指标也要特别关注：送货定时率，客户满意度，产品退货率，合同作废数等。

内部运作流程维度。从内部运作流程维度来说，要关注公司内部的效率，比如生产率、生产周期、生产成本、合格品率、新产品开发的速度以及员工的出勤率等。

学习与成长维度。从学习与成长维度来说，目的是激发员工的士气、能力、素质等，比如员工的工作积极性，员工对工作环境、工资等的满意度，对员工的培训、再培训投资，以及关键员工的流失等。

平衡计分卡的特点是始终将战略与愿景放在其转变过程中的核心地位。通过清晰地定义战略，始终如一地进行团体沟通，并将其与转变驱动要素联系起来，构建"以战略为核心的开放型闭环团体结构"，使财务、客户、内部流程和学习与成长四要素互动互联，浑然一体。联想集团就是这样运用平衡计分卡的。

图8-24　联想集团的平衡计分卡战略

2. 平衡计分卡如何保障公司业绩系统的平衡性

平衡计分卡业绩系统包含以下三个层面。

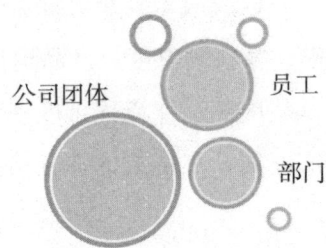

图8-25　平衡计分卡业绩系统包含的层面

联想集团知道，想要很好地利用平衡计分卡，做一个完善的业绩方案，就要将以上三个因素紧密联系在一起，缺一不可。

公司战略目标是业绩系统建设的主要前提，因此，在围绕平衡计分卡建立流程时，一般要经过以下几个阶段。

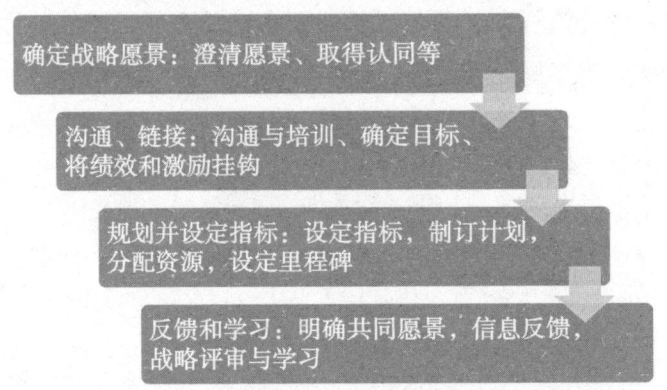

图8-26　围绕平衡计分卡建立流程的几个阶段

3. 平衡计分卡保障公司业绩系统平衡性的详细运用

应该说，当时的远景目标已经相对明确，2006年联想集团也成为国内一流、国际知名的手机厂商。为了实现这一战略目标和愿景，联想集团从2002年到2006年，每年都分阶段地做了详细的目标部署，但总体思路与出发点，还是紧紧围绕着公司愿景和战略。那么联想集团到底是怎么对平衡计分卡具体运用的呢？

首先是引导思维和设计原则。一开始，公司就使用平衡计分卡的体式格局，将2003年的目标分解到各个部门，然后又分解到每一个员工身上，让每个员工，在每个季度、每个月甚至每天，都将指标拿出来审阅，看看完成的情况，需不需要做一些调整等。由此，公司形成了以下几点基本的引导思维：

● 以考核促进发展，让业绩评价系统作为反映公司级部门经营绩效的指标；

● 以考核手段推动各部门员工持续进步；

● 以平衡计分卡构建公司以及部门绩效考评体系；

● 建立并形成一种部门间协同的工作关系；

● 采用业务单元模式，以事业部或利润、成本/费用中心的体式格局构建业绩评价系统。

为了让这些引导思维在部门工作中落实，公司还制订了考核指标设计的以下几点基本原则。

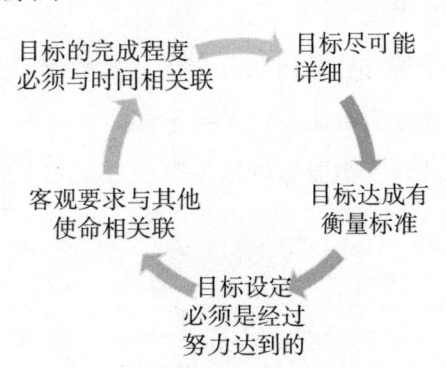

图8-27　考核指标设计的基本原则

其次是工作机制以及团体保障。在引导思维以及落实原则下，还需要有有效的工作机制与团体保障，以让业绩考核成为三位一体的体系性考核。其中包括以下三个方面。

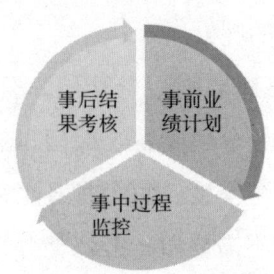

图8-28　业绩考核三位一体的体系性考核内容

事前业绩计划部分,需要做好以下两个方面的工作。

图8-29　事前业绩计划部分要做好的工作

目标法,就是同各部门一同协商制订考核的内容、目标值以及权重等,让考核有现实性以及可操作性。

数据库,就是采集和积累过去几年的历史数据以及同行业的相关数据标准,以使业绩计划有可比性以及科学性。

事中过程监控部分,需要做好以下三个方面的工作。

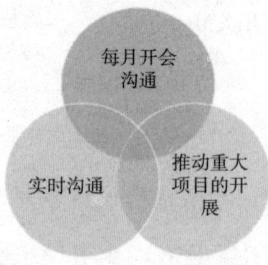

图8-30　事中过程监控部分要做好的工作

事后结果考核部分,需要做好以下两个方面的工作。

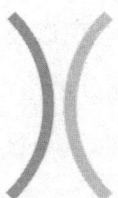

考核值的汇总　　　对考核值进行
和结果分析　　　　面谈沟通

图8-31　事后结果考核部分要做好的工作

在团体保障部门,成立由经营部、综合部和财务部等相关人员组成的固定小组,用以解决一些跨部门运作的考核指标。

在平衡计分卡的详细应用中,公司做到了以下三点。

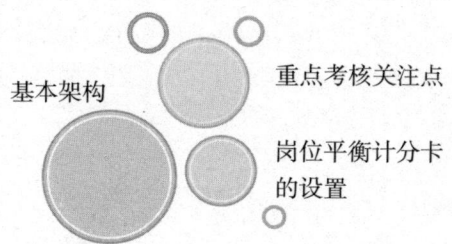

图8-32　平衡计分卡的详细运用

基本架构。根据平衡计分卡的基本原理,从满意度指标、枢纽能力指标和营业进展评估等维度来构建公司和部门的业绩系统。

重点考核关注点。二八黄金法则告诉我们,公司80%的绩效来自20%的首要工作指标。所以,在考虑影响公司经营成果要素的基础上,我们必须突出各部门考核重点关注点。

岗位平衡计分卡的设置。根据平衡计分卡所提供的架构,我们对公司年度规划目标进行纵向和横向的分解,就使得公司年度目标与部门年度目标高度契合,已经初步具备可实行性。

以上是可口可乐瑞典饮料公司以及联想集团公司应用平衡计分卡的具体做法,作为HRBP,可以充分借鉴。

第九章
尽心"增值服务"，做企业盈利的贡献者

虽然HRBP是从旁协助业务部门领导的工作，但是最终还是要成为企业盈利的贡献者，从而让人力资源部门变成企业的盈利部门。因此，在协助业务部门领导工作的时候，要给予及时的"增值服务"，比如咨询服务、方案解决服务，甚至包括高端人士猎头服务等，及时帮助企业及业务部门解决问题，让企业迅速达到盈利的目的。

HRBP都要做的"人才Mapping"

21世纪,最贵的是什么?毋庸置疑,是人才!作为HRBP,要天天跟人打交道,那么在公司人员配置、潜质人才的培养方面,你做得都够好吗?当被问到公司有没有漏洞的时候,你能底气十足地说没有吗?在人才缺失的情况下,你能马上就给补上吗?如果在这方面你还有欠缺,那么不妨让"人才Mapping"来帮你解决。

人才Mapping,即人才地图,最早是被用于企业战略咨询或者企业内部市场竞争对手的分析上的,也就是将企业所在行业和区域内的对标企业、产品悉数列出,经过排序后,进行分析整理。

一般来说,人才Mapping可以拆分成以下三个部分。

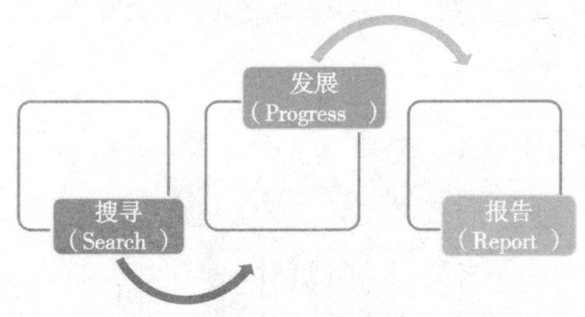

图9-1 人才Mapping的三个部分

人才Mapping最早被猎头用于熟悉某个领域的公司或公司内部人才的工具,但是现在,它显然已经不仅仅是发现人才的工具了,更是一个能够帮助企业调整组织架构和定位未来人才的通路。

企业想要建立有效的人才选拔与培养机制,人才Mapping就是人才培养的发动机,它能够帮助企业识别出最优质的人才,还能助力人力资源决策,确保人力资源工作的产出与成果,让企业成为人才驱动型的组织。

HRBP做人才Mapping,主要是对公司人才和公司特点有深刻的了解,所以对特定级别的人才做一定的前瞻性的发现以及积累,以帮助公司建立人才储备库。

那么,HRBP要怎么做人才Mapping呢?主要从以下两个方面来做。

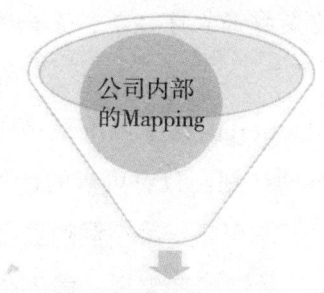

图9-2　怎么做人才Mapping

■ 公司内部的人才Mapping

通过做公司内部的人才Mapping,可以起到以下几个方面的作用。

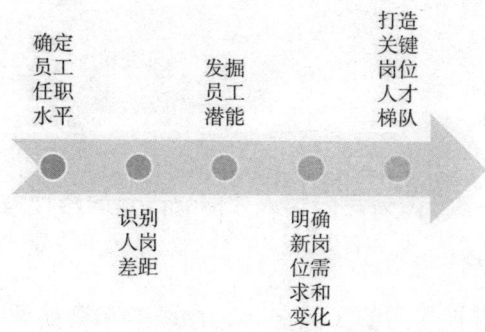

图9-3　做公司内部人才Mapping的作用

通过内部人才Mapping，人力资源配置与发展就有了重要的参考依据，为此便可以进行有针对性的调整与规划。并且通过Mapping，结合组织的需求与岗位特点，可以建立高潜力人才储备库。

比如通用电气一直以来都坚持做内部人才Mapping，公司前总裁杰克·韦尔奇，更是坚持去与5000个人逐个见面、聊天、做笔记。正因为对此重视，所以通用电气公司一直以来都有一项要求：在全世界各子公司中，任何一个CEO离职，都要在24小时内宣布继任人选。之所以有这样的要求，就因为通用有足够的人才储备，无论哪个关键岗位，随时都有备用。

但是要注意的是，Mapping的结果可不只是一堆数据表格，而是能够转为具体、可操作的行动计划。只有可行的计划才能被高层领导重视与认可，才有可能落地，而不再是一堆空洞的数据。

此外，人才Mapping，对管理者来说，能够借助它快速找到理想的人才，可以在招聘、管理以及留任等方面迅速做出正确的决策；对员工来说，能够在人才Mapping的基础上，主动规划自己的职业前景。

做内部人才Mapping的方法有很多，每个公司不尽相同，在此为大家推荐两种落地效果比较明显的方法。

图9-4 做公司内部人才Mapping的两种方法

1．人才九宫格

九宫格是经常被用到的工具之一，由绩效和潜能两个维度对员工进行考核。

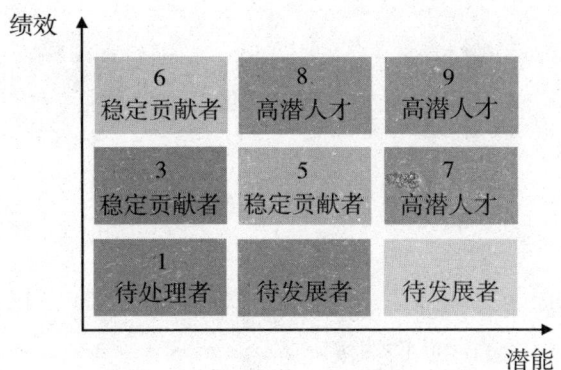

图9-5 九宫格人才考核工具

如图9-5所示,以潜能和绩效作为两轴,每一轴根据不同能力表现,又细分为三个层次,由此交叉发展为九个不同的人才评估结果区域。不同的区域反映了不同的人才发展需求与策略,而对于高潜质的员工来说,可以帮他们选择合适的导师,并提供未来职业发展的建议与咨询,让他们对自身的职业规划有全面的了解。

如果将每个员工根据绩效考核和潜能考核结果放入九宫格中,就形成了一个人才分析地图,在查看人才时就能很清晰地分出,哪些是优秀人才,哪些是中等人才,哪些是需要进一步发展和提升的人才,哪些是会被淘汰的人才。

九宫格的人数是有比例限制的,其中非常优秀的人不会太多,非常差的人也不会太多,大部分人处于中等水平。

如果在绩效考核时,很难将人才区分出高、中、低的水平,比如很多人绩效得分都很高,此时就要强制排名了。在这些人中依然要排出高、中、低来,当然,比例依然是非常优秀的占10%~20%,非常差的占10%~20%,中等水平的占60%~70%。

2. 圆桌会议

圆桌会议是全员参与的会议,人人平等,它的好处有以下三个方面。

图9-6　圆桌会议的好处

公司由上而下分级盘点,将每个层级的高潜人才都挖掘出来,同时能够识别每个层级的团队健康度。

圆桌会议可以由领导直接参与人才评价与发展,不仅提升了内部人才的管理能力,还树立了人才发展的组织氛围。

HRBP要参与到盘点过程中去,并通过盘点来促进内部人才的横向流动。

■ 公司外部的人才Mapping

公司外部的人才Mapping,对标的主要是同行业领域内的公司,对其进行描绘的目的主要有以下两个。

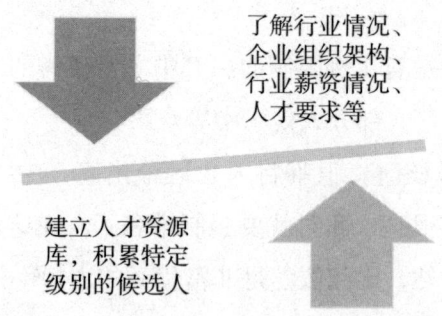

图9-7　做公司外部人才Mapping的目的

首先,通过做公司外部人才Mapping,能够在行业领域内对市场人才和公司特点定向了解，然后再看自己的公司，有哪些需要改善的，有哪些是占据一定的优势的。同时，通过对公司外部人才Mapping进行分析，能够让招聘补空补缺人员变为招聘可开拓新业务、新领域的团队，并了解行业对人才的要求。

其次，通过做公司外部人才Mapping，可以前瞻性地发现和积累特定级别的专业人才，以建立自己的人才资源库。因为人才市场的流动性是极快的，而企业对人才的需求也越来越快，通过做公司外部人才Mapping，事先做好人才储备，是再合适不过的了。

HRBP不妨从以下三点入手。

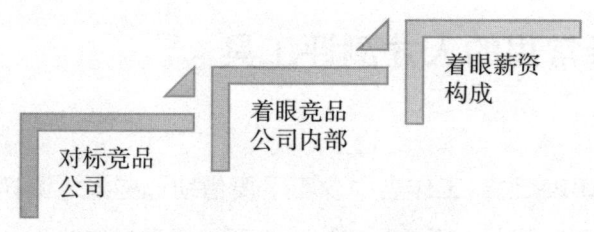

图9-8　如何做公司外部人才Mapping

1. 对标竞品公司

依据客户的竞争公司、同类型产品以及同级别服务等，列好竞品公司，还要注意企业文化、项目背景以及产品等，要保持一致性。

2. 着眼竞品公司内部

不能仅限于了解竞品公司的特点、行业分布、组织架构、核心领导人等必须掌握的内容，还要了解竞品公司人员的配置、区域、行情、年龄、教育、能力等，也要熟悉获取的渠道、搭线人、人才库等。毕竟如今人才流动性很大，所以，想要掌握某人的信息，就不能单纯只知道姓名和电话，更要了解此人的能力，以及其真实的想法和意愿。

3. 着眼薪资构成

想要挖一个人，特别是你心仪已久的候选人，就要了解他目前所在公司的职位以及薪资构成等情况，同时还要了解此人所期望的公司类型、职位薪资等。当然，不管他所期望的薪资情况如何，首先你都要了解一下行业的市场行情。

做公司外部人才Mapping会涉及竞品公司的秘密，单靠企业内部人员的资源可能很有限，而要接触人才Mapping对象，对公司高级管理人员来说又是非常敏感的一件事。所以，想要拿到真实有效的信息并不容易。为此，你还要想办法，或者干脆外包给猎头公司。

要会选择常用的人才测评工具

作为HRBP来说，工作当中少不了要借助一些人才测评工具。人才测评工具，也就是人才测量与评价，主要就是通过各种方法对被试者加以了解，从而为企业组织的人力资源管理决策提供参考和依据。但是测评工具有很多，工作当中还要会选择。接下来我们就介绍几种常用的测评工具以及选择攻略。

■ 常用测评工具

1. DISC

DISC属于性格测评工具。其中D、I、S、C，分别代表Dominance（支配性）、Influence（影响性）、Steadiness（稳定性）、Compliance（服从性）。借助它，可以让你对自己以及他人有更深入、具体、完整、客观的了解，被广泛用于组织人才测评、招聘、职位的调整、领导力的提升以及培训需求等。

DISC的结果描述虽然有时间上的稳定性，却缺乏空间上，也就是跨情境的一致性，而在不同情境下导致的结果描述是不一样的。

2．MBTI

MBTI也属于性格测评工具，而且是当今世界上应用最为广泛的测评工具。MBTI，全称为Myers-Briggs Type Indicator。主要用于了解受测者的处事风格、特点、职业适应性、潜质等，由此可以提供合理的工作及决策建议。

虽然MBTI对客观认识自我、完善自我能起到很大帮助，但是在用于职场测评中又显得过于主观。

3．OPQ

OPQ是在招聘领域中应用非常广泛的一种职业性格测评工具，全称为Occupational Personality Questionnaire。很多人在刚进入企业时，做的就是这个测评。

4．DPA

DPA属于人格测评工具，全称为Dynamics Personality Assessment。它将人的性格分为黑桃的军事家、红桃的梦想家、梅花的和平家、方块的建筑家、整合的外交家五类。能够帮助企业领导以及高级管理者提升性格领导力，做到知人善任，达到激励不同类型和动力员工的作用。从而可以打造优势动力团队，有效降低员工的流失率，提升员工忠诚度，帮助企业提升绩效。

5．PDP

PDP属于行为风格测评工具，全称为Professional Dyna-Metric Programs，也是被赞誉为现今全球涵盖范围最广、精确度最高的人力资源诊断系统，在中高层的招聘、团队建设和激励中相对应用较广。它通过问卷测试的形式将人的性格大致分成了老虎型、孔雀型、无尾熊型、猫头鹰型、变色龙型五种类型。

6. FIROB

FIROB也是一种行为风格测评工具，是基本（Fundamental）、人际（Interpersonal）、关系（Relations）、定位（Orientation）、行为（Behavior）首字母的组合。此工具从分析人际需求出发，有效提升了人在组织环境中的表现与成长，在提升领导力、团队建设、冲突管理、教练辅导方面，发挥着非常好的效果。

7. LEA

LEA是一种领导力测评工具，全称为Leadership Effectiveness Analysis，用于测量组织关系中个体行为方式的复杂性与丰富性，并通过定义领导者角色的功能（建立愿景、发展追随力、实施愿景、达成结果、贯彻执行、团队合作），有针对性地制订个人发展计划，真正发挥领导效能。

8. GMI

GMI全称为Global Mindset Inventory，是一种全球思维量表，测评衡量智力、心理、社交方面的能力，以帮助企业培养全球领导者和组织能力。

9. SPM

SPM是一种智力测验工具，全称为Standard Progress Matrice，用于测验一个人的观察力以及清晰思维的能力，其结果直观、简单，常被用于智能诊断、人才选拔与培养的辅助测评。

10. HBDI

HBDI是智力测试工具，全称为Herrmann Brain Dominance Instrument，有逻辑型、组织型、交流型和空想型四种模型。在提升与人交流、领导力、组织能力、处理问题能力、决策能力等方面发挥着非常好的作用。

人才测评工具选择攻略

人才测评工具有很多，要让其真正能帮助选到合适的人选，从而系统地降低错误用人给企业带来的风险，还需要注意以下几点。

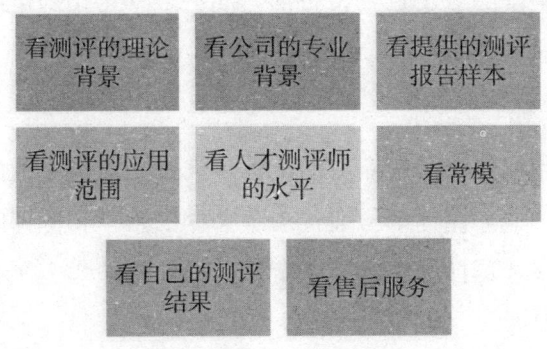

图9-9 如何选择最合适的人才测评工具

1. 看测评的理论背景

成熟的测评工具是经过几十年的实践考验的，而国内目前所用的测评工具都是从国外引进的，详细了解其理论背景后，就能对它有一定的把握。可以求助于一些专业人士，或者从网上搜一些相关的学术专著和文章，来了解测评工具的理论背景及实际的应用情况。

2. 看公司的专业背景

测评工具专业性非常强，需要有专业人士才能操作，因此在选择工具时要看公司背景以及专家的背景，这样就能大致了解公司实力。目前很多公司都缺少专业的测评人士，更开发不出专业的测评工具，东拼西凑出来的东西你不要相信。

3. 看提供的测评报告样本

成熟的测评工具，有雄厚的理论基础和应用案例，有完善的测评报告，报告中不但有基本的测评数据，还有大量通俗易懂的解释。不少公司因为没有专业测评人士，其提供的报告样本一般都是粗制滥造、不值一提的。

4. 看测评的应用范围

测评工具的开发都有其目的性，比如性格测评、职业兴趣测评、能力测评等，选择的时候还要考虑自己使用测评工具的目的。此时就要看测评工具的应用范围是不是与自己的目的符合，应用范围越具体越好，如果提供的测评范围大而全，那就不值得应用了。

5. 看人才测评师的水平

专业的人才测评公司有专业的测评咨询师，通过专业的测评结果对人才进行分析。人才测评师一般代表了公司的水平和测评的专业性及权威性，只要与人才测评师聊聊，就可以知道公司的实力了，当然聊的问题要具有专业深度。

6. 看常模

在应用测评工具前，会选定一定的人群，将得到的结果通过统计整理后，得出的结果就是测评的常模。若一套测评工具没有常模，或者常模人群与自己的目的应用范围不吻合，就不要采用了。

7. 看自己的测评结果

对自己进行一番测评，然后向对方索要测评报告，接着便对这份报告进行详细的分析：

报告是不是通俗易懂，解释的内容是不是完善、全面、信息量大？

报告对自己的描述是不是贴切？

报告对自己是不是有所帮助，带来了什么启示？

在看报告的同时，还可以让人才测评师对你进行详细解释，这也是一个考察对方专业性以及选择合适人才测评工具的一个方法。

8. 看售后服务

测评的目标在不断变化，因此测评工具每隔一段时间就要更新一次，国外一些优秀的测评公司每年都会更新报告和常模。在选择测评工具时，可以看测评公司是不是每年都更新工具的解释系统及常模，如果超过3年，甚至5年都没有更新，建议你还是不要用。

"三诊断"帮你识别业务痛点

HRBP的工作目标就是帮助业务找问题、解决问题，提升业务的绩效，进而帮助企业提升效益，并体现自己的价值。那么，HRBP到底该如何识别痛点、实现赋能呢？不妨采用"三诊断"的原则来帮你识别业务痛点。

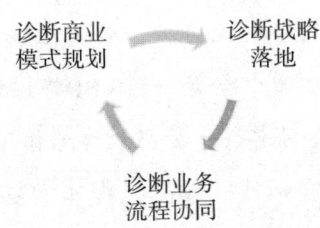

图9-10　"三诊断"的原则

■ 诊断商业模式规划

某公司决定在开放式智能手机平台上进行生态构建，计划投放一款购物App，目的是打造一个不同于淘宝PC端的购物端口。

运营团队采用1元抢购、秒杀等活动，很快积累了大量的用户。在2个月后，就拿到了相当漂亮的运营数据，其中有商家接入、会员运营以及设计等，由此备受高层领导关注。

一次会议上，购物App的团队负责人详细介绍了计划推广的云红包业务模式，并反复强调这种模式下的会员运营以及活动运营都是零成本。这么好的业绩，又是零成本，自然得到了在场团队成员的认同。HRBP在与团队负责人沟通时，发现他说的这个活动，客户和商家都能从中获利。

问题来了：会员运营、活动运营零成本，客户、商家盈利，盈利的途径在哪里？于是HRBP画了一个简单的逻辑图，让问题逐渐显现了出来：客户、商家都盈利，那云红包业务模式中的现金红包由谁来买单？于是HRBP走访了公司财务部门，并通过大量的数据分析，最后发现是由公司来为云红包计划买单的。

在一次会议中，HRBP将此问题提了出来，运营团队将红包规划与财务部门提供的数据进行了对比分析，确认在推广云红包计划时，公司首先要投入一亿多元的成本。会后，HRBP将详细的分析报告提交给领导，经由HRBP团队向公司建议，公司最终撤销了推广活动。

案例看似简单，但实际找问题的过程非常复杂。HRBP通过真正深入到业务商业模式当中去，从集团战略助手的角色出发，对业务逻辑进行了客观的分析与判断，并为此采集和验证了必要数据，最终帮助公司高层做出了正确的决策。

■ 诊断战略落地

某公司打算从PC端向移动端转型，于是从分公司调来了一位新老板，负责团队的建设，并要求他带领团队打破固有的思维模式，找到产品和运营的突破点。

新老板上任后，原来的团队成员都表示会议上明白他说的意思，可

第九章 尽心"增值服务"，做企业盈利的贡献者

是一回到岗位上，就不知道接下来该做什么了。

HRBP为了弄清楚这其中的缘由，用了大量时间与各个层面的人聊天，发现团队成员有很多的怨言。HRBP深感此时已经有严重的管理危机了，于是就找新老板的助理聊天，结果发现，和团队成员一样，助理也说不清新老板的意图到底是什么。

HRBP为了找出其中的原因，将团队成员与老板助理都集中到一个会议室中，将大家不满的事项都罗列出来，并逐个找出行动计划，可最终结果发现，行动计划根本不可行。

后来HRBP又单独找每个人沟通，锁定大家不满意的事项和问题，结果还是行不通。不但行不通，久久搞不清老板的意图，大家的情绪开始不安了。

HRBP面对问题的严峻性不得不再次坐下来仔细研究，问题确实存在，但是又没有办法定义问题，在多种办法尝试不行之后，HRBP觉得应该找到对的人，也就是新老板。于是，HRBP给大家提出了一个硬性要求：让大家每天都要与新老板在QQ或者微信上聊天，聊天内容不限，说什么都行，只要不与工作相关就行，哪怕一句"吃了吗"都行。一天结束时，HRBP要检查每个人的聊天内容。

结果，不可思议的事情发生了。两周后，通过每天一两句比较生硬的聊天后，忽然团队成员中有人对HRBP说，他知道新老板要的是什么了，但是他不能用确切的语言描述出来，总之就是清楚了。

后来再问他是新老板没有说清楚还是其他什么原因时，他说这件事根本不用新老板说清楚，而且谁也没办法说清楚。就这样，很快新老板要求的新产品与运营方式形成了，且对于结果，新老板以及大老板满意，整个业务团队也都满意。

业务需要通过管理手段或方法，实现公司的战略落地。但是一旦像案例中说的，遇到一些的确存在的不可描述、无法定量或衡量的问题

时，就要求HRBP抛开HR的专业管理理念，从业务甚至是人性的角度去找痛点，去寻求解决的办法。

■ 诊断业务流程协同

产品与研发之间总有着扯不清、道不明的牵扯和恩怨，尤其是互联网公司：产品团队要完成线上收入的指标，就不断寻求新收入的来源，而研发团队就不得不对产品进行更新；研发团队对产品性能要直接负责，任何要求对产品更新的变动都要牵扯到整个团队，因此从研发团队的角度来说，能少做调整就少做调整。

某互联网公司在一段时间内连续出了几次研发事故，事故虽然不大，但也给产品的销售造成了不小的影响。于是HRBP与研发团队的负责人沟通，他认为其中存在的问题不大，只是产品更新节奏太快了，只要度过这段特殊的时期就好了，而且研发团队的成员也表示没太大问题。

虽然研发团队从负责人到团队成员都表示没问题，但是HRBP却没有那么乐观。于是召开了一次会议，最终得出的结论是：对研发团队来说，功能调整以及方案调整需要很长时间，研发团队负责人说的度过这段特殊时期就好了肯定不现实，因为这个时间段会很长。但是该如何解决功能调整以及方案调整带来的压力，就成了一个问题。

于是HRBP决定给研发团队配备项目经理这样一个角色，对研发团队进行节奏管理和进度沟通。因为会占用自己团队的人力成本，因此研发团队的负责人是不同意这个做法的。

但是HRBP还是在人力成本的可控范围内锁定了一个候选人，并与研发团队的负责人沟通，先试用一段时间。最后候选人到达岗位，并迅速帮助研发团队解决了与产品团队之间存在的协同问题，并将大量消耗管理人员时间的业务追踪工作承担起来，避免了事故的发生，让研发走入了正常的节奏。

从以上案例中就能发现，流程中少了一个关键的项目经理角色，所以让研发团队出现了事故，同时也延误了产品的销售。

HRBP在开展工作过程中，常常会遇到完全不能用工具或者管理的常规手段来解决的问题，此时就要借鉴以上"三诊断"的原则，不要被公司组织结构束缚住，也不要被各种条条框框圈住，最终总能找到适合解决问题的方案。

学习联想从"缝鞋垫"到"做西装"的人才培养法

人才储备和培养是HRBP始终要关注的问题，而对于人才培养的方法，HRBP不妨学学联想集团创始人柳传志的做法——从"缝鞋垫"到"做西装"的人才培养法。

柳传志将联想集团的人才培养法比喻为"缝鞋垫"和"做西装"。他认为，一个战略型人才的培养与一个优秀裁缝的形成是一样的道理。他说："我们不能一开始就给他一块上等毛料去做西服，而是应该让他从缝鞋垫做起。鞋垫做好了再做短裤，然后再做一般的裤子、衬衣，最后才是做西装。不能拔苗助长、操之过急，要一个一个台阶爬上去。"

杨元庆就是其中的例子之一。杨元庆毕业于中国科技大学，是硕士研究生。刚进入联想集团时，杨元庆并没有迎来与他学历相匹配的职位，而是从最基层的推销员做起，经过了两年的磨炼之后，才坐上了业务部经理的位子。任职业务部经理职位期间，杨元庆利用与美国惠普公司的业务关系，对惠普公司的管理进行了深入的研究和学习，不仅让自己任职的部门营业额突飞猛进，还带出来了一支优秀的团队。很快，因为工作出色杨元庆被调到了联想最重要的微机事业部任总经理。依然是两年的时间，杨元庆带领一群人不断奋斗，让联想电脑的市场份额实现了飞跃般的提升。就这样，他不断地被委以重任，最终一步步走上了联想集团总裁的位置。

副总裁郭为一样是联想成功用人的典型例子。1988年，郭为作为第一个获得工商管理硕士学位的员工，正式成了联想集团的一分子。但是初进联想，郭为只是给柳传志开开车门、拎拎箱子，后来慢慢做了他的秘书。离开秘书岗位之后，他到了只有五个人的公关部任经理。一年后，他坐上了集团办公室主任的位子。在以后的五年中，他依然不断换着岗位：业务部总经理、企划部总经理、财务部负责人。1994年，柳传志将他派往广东惠州联想集团，在那里他工作了八年，而岗位变动了近十次，这让他接触了不同类型的业务内容。而就在慢慢变换岗位的过程中，人们渐渐地从郭为的脸上看到了欣慰和自信，看到了联想最年轻的副总裁的模样。

在介绍培养杨元庆、郭为等人的方法时，柳传志说："得让他们参与决策、参与管理，但是在这个过程中，他们得在价值观、思想方法乃至工作技巧等方面保持一致性。同时他们还得学会主动思考，不能只是被动地接受、做传递的齿轮，要做创造执行的发动机。"柳传志还说他会先将责、权、利讲清楚，然后给他们机会和舞台放手让他们去做，让他们在工作中锻炼成长。在他们能够独当一面的时候，集团高层就会完全放手，然后自己腾出时间和精力来思考一些关系公司发展更重要、更长远的问题。

通过柳传志的这种"缝鞋垫"的人才培养法可以看出，联想不适合那些急于出人头地的人，如果不奉行做好"缝鞋垫"的准备，即便到了联想也难以获得晋升的机会。

人才对企业核心竞争力的提升有多重要，现今开公司的人都很清楚。所以，不管是大型企业集团，还是初创公司，都应给予人才培养足够的重视。通过上述联想的案例，大家也能看出来，作为中国领先的科技企业，联想独具特色的人才培养法，为联想的成功做出了重要贡献。同时通过以上案例，我们也可以看出，在人才培养时要重视的几个问题。

■ 允许人才犯错误

对业务和工作的了解，每个人都有一个从不懂到懂的过程，再优秀的人才也得首先了解公司的业务，从不熟练到熟练的过程中，难免会出错。联想"缝鞋垫"的基础打磨，其实就是给员工犯错的空间，在对公司发展不产生重大影响的范围内，让员工勇敢去尝试，不怕犯错，重点是锻炼员工能力。

所以，在培养人才的过程中，企业不能过于苛刻，不给员工一点儿犯错的空间，一旦犯错就批评指责，甚至是降薪罚款等，此类行为很容易打击员工积极性，让员工的工作停滞不前。在可控范围内，应该允许员工犯错，让员工在实践中不断摸索，总结经验，慢慢成长。

■ 适度授权

对员工的职权收得太紧、过于限制，会让员工难以施展拳脚，员工也觉得处处受牵制，如此不利于培养员工对企业的忠诚度。而适度授权，可以培养人才独立思考、独立解决问题的能力和习惯，这样人才才能在将来的工作中担当大任。就像联想的杨元庆和郭为一样，如果柳传志不给他们授权，他们一样难以施展拳脚。

■ 循序渐进

培养人才要遵循循序渐进的原则，在工作实践中逐渐提升人才的素质和能力。其实，这就是联想"缝鞋垫"到"做西装"的原则。对方可能的确是优秀的人才，但是从一开始就将他放在非常重要的位置上，不给他任何了解企业业务的时间和空间，他再优秀也难以胜任。就像做西装，如果你平时连剪刀都不曾拿过，又怎么能做出一件合体的西装呢？即便强行支撑胜任，也难以帮助企业做出正确的决策，甚至还会导致决策失误以及管理失误。因此，人才培养要循序渐进，从基本的工作做起，让人才在最基层的实践中打牢基础，有了夯实的工作经验与业务经验，才能不断成长进步。

HRBP如何防范高管的跳槽

一个高管的离职会给企业带来非常大的影响。因此，与业务层接触最为密切的HRBP，要特别防范高管的跳槽情况。

离职，一般分为以下两种。

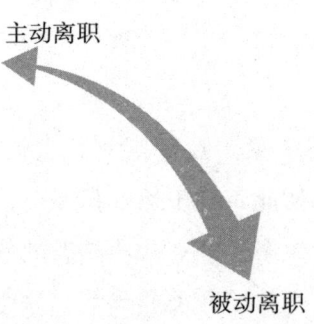

图9-11 离职的种类

主动离职也就是大家熟悉的跳槽，员工把企业"炒了鱿鱼"。

被动离职是企业对员工的辞退、解雇。这种情况较为复杂，因为涉及赔偿的问题、流程的问题。在规模化的大型企业这种情况还好说，在小规模且不太合规的企业，HRBP就要费点儿事了，不将辞退成本降到最低，就没有底气跟老板汇报。

■ 离职带来的损失

员工离职给企业带来的损失主要体现在直接和间接两个方面。

1. 直接损失

一般会造成以下一些直接损失。

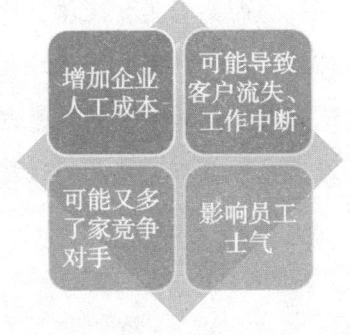

图9-12　员工离职带来的直接损失

首先，员工的流失会直接给企业带来人工成本的增加：需要聘用新员工补空缺，导致人工重置成本增加；为让新员工适应岗位要求，要进行必要的知识和技能培训，要增加培训成本。

其次，将要离职的员工，对客户或工作交接上总不能全心全力，这就非常容易导致客户的流失，尤其是掌握核心技术以及企业客户资源的员工离职，一般会带着客户离开，这无疑会给企业带来重创。

再次，有行业经验的员工在离职后，一般都会选择两条路：加盟同性质的企业；或者自己成立公司。不管是加盟其他公司，还是自己成立公司，都会成为老东家的竞争对手。

比如从伊利离职的牛根生，自己创建了蒙牛乳业，其发展速度很快，现在不管是销售额，还是市场份额，都成了伊利最强劲的对手。

最后，有员工离职会让留下的员工士气受到打击，甚至他们也萌生离职的念头，即便不离职，也总有不安的心理。或者离职的员工在同级别岗位上，拿到的薪酬要比原公司高很多，这也会让原公司的员工产生攀比心理，想着离开公司去赢得更好的发展机会。员工离职的数量越多，对留下员工的影响越大。

2. 间接损失

间接损失，我们以TCL为例来说。

2005年，TCL手机事业部的高管集体跳槽，这在当时让业内一片哗然。而TCL高管的集体跳槽，让管理团队集体缺失，导致生产经营活动产生震荡甚至停滞。这还不算，更为严重的是，这次的集体跳槽事件对公司形象和商誉造成了毁灭性的破坏，以致TCL在很长时间内也没能摆脱由此造成的损害。

■ 如何防范离职风险

上面说到了离职给企业带来的损失，所以，HRBP就要对员工的离职做好防范。其实在员工离职之前，都会有一些征兆，HRBP要及时捕捉到这些信息，尽早采取干预行动，打消员工离职的念头，挽留员工。

一般来说，如果员工出现以下一些情况，很有可能就是在准备离职了。

- 逐渐转移办公桌上的物品，尤其是私人物品；
- 非常频繁地催促财务报销相关账款；

- 私人电话变得很多，且很多时候会到私密空间去接电话；
- 请假的次数越来越多，但是请假或调休的时间不会很长，大多在半天时间；
- 不参与任何的决策活动，保持中立态度；
- 与之前不太融洽的同事聊得也很欢；
- 不再争取任何福利或者要求加薪；
- 不再主动加班，不主动争取工作任务，每天都踩点上下班；
- 简历已经挂在各大求职网站上了。

……

以上这些信息都提示员工有离职的可能性，此时HRBP以及直线经理就要采取一些干预行动了。那到底该采取哪些行动呢？下面具体来看一下。

首先，发现员工有离职信号出现时，需要第一时间向员工的直管负责人，也就是直线上级领导了解员工的情况，如果直线上级领导也表示发现了一些蛛丝马迹，那么，就要判断一下该员工对企业的贡献值是正还是负、对岗位的重要性是大还是小，该员工离职后，是不是马上有后备的合适人才作为替补。

判断之后，如果发现该员工属于优秀的骨干成员，在团队中不可或缺，且其离职后该岗位没有合适的储备人才作为替补，短时间招聘难度又非常大，给公司带来的人工成本增加很多，那就必须要与该员工谈谈了。

此时HRBP以及直线上级就要直接找该员工沟通了，了解他想要辞职的原因、目的。当然，与该员工的沟通不能过于仓促，要有一定的准备工作：要选择合适的时间、地点，以保密性为首要原则，这样可以给员工回旋的空间，即便选择继续留下也不会觉得不好意思。要先针对该员工的辞职原因推断出几种可能性，并且针对每种可能性制订出不同的沟通策略，更重要的是针对可能的辞职原因，给出相应的应对措施。比如有些员工辞职可能是因为薪酬方面没达到他的要求，在推断之后，看是不是在合理的成本空间内，且保证公平公正的前提下给该员工留出加薪的空间。当然也有职位晋升的原因，还可能是因为某项工作推进时遇到了很大阻力，苦于公司制度、管理风格等因素让阻力更大等。

其次，在与员工沟通时要注意推心置腹，真正从员工的角度为他着想。可以进行两次沟通：一次是初步沟通，尽可能了解其想要辞职的真实原因；另一次是带着解决办法沟通，尽可能让该员工知道他对公司的重要性以及公司对他的认可度，同时明确公司为留住他而拿出的相应解决方案。

所以，对于员工的离职问题，要尽早发现并积极干预，尤其是对于优秀的不可替代的骨干成员，一定要通过沟通尽量留下。